女子御三家

桜蔭・女子学院・雙葉の秘密

矢野耕平

文春新書

1051

はじめに

女子御三家と呼ばれる三校

東京は女子校だらけである。

「東京私立中学高等学校協会」のウェブサイトのデータによると、全百八十二校ある私立中学校のうち、七十九校が女子校であるという。男子校は三十四校、共学校は六十九校であることを考えると、女子校の占める割合が格段に高いことが分かる。

そんな中で、「女子御三家」と呼ばれる女子校がある。

これは東京にある私立女子校「桜蔭《おういん》」「女子学院《じょしがくいん》」「雙葉《ふたば》」を指し示す。三校とも長い歴史を持つ伝統校であり、東京、いや日本に数多く存在する女子校の中で屈指の難関校だ。これらの学校に入学するためには中学入試で狭き門を突破しなければならない（高校からの募集枠はない。ただし雙葉のみ附属の幼稚園や小学校から入る道も用意されている）。

だからこそ、女子御三家の各校は中学受験を志す小学生や首都圏の中高生だけでなく、巷間で羨望や憧れの目を向けられる対象である。

桜蔭は進学校という側面で見ると全国に名を轟かす「モンスター級」の女子校である。二十二年連続で東京大学合格者数全国トップ10入りを果たしている。二〇一五年度の東大七十六名という合格者数は全国の高校の中では第六位、女子校では断トツの結果である。うち現役合格者数は六十二名（今春の桜蔭の卒業生数は二百三十二名）。これは開成・筑波大学駒場・灘に続いて第四位である。また、東大最難関である理科Ⅲ類（医学部・定員百名）に現役八名合格という凄まじい結果は、教育業界で大きな話題となった。さらに、東大の男女比がおよそ四対一であることを考えると、いかに桜蔭が進学校として傑出した存在であるかが分かるだろう。

女子学院はプロテスタント系で、自由な校風で知られる女子校だ。大半が私服で通学しており、校則はほとんどない。お化粧をしている子も散見される。在校生や卒業生の多くは昔から親愛の情を込めて女子学院を「ＪＧ」と呼ぶ（以下、本書でも適宜ＪＧと表記する）。自由を全身で謳歌する在校生たちではあるが、国公立大学はもちろんのこと、難関私立大学にも数多く進学する。二〇一五年度のＪＧの卒業生数は二百四十名だが、『サンデー毎日』（二〇一五年五月ＧＷ合併号）によれば、東大現役合格者数は二十六名であり、

「早慶上理（早稲田大学・慶應義塾大学・上智大学・東京理科大学）」の現役合格者数は二百五十一名であった。「早慶上理・実合格率ランキング」では聖光学院、渋谷教育学園幕張に続いて全国第三位となっている。

雙葉はカトリック系で、世間からは「お嬢様学校」とみられている伝統校である。皇后・美智子さまが雙葉小学校出身であり、皇太子妃・雅子さまは系列校である田園調布雙葉小中高で学ばれていた。また、村上春樹『ノルウェイの森』に登場するお金持ちの子女が集う女子校は、雙葉がモデルといわれている。ほかにも、最近放映されたテレビドラマ『天皇の料理番』に登場する主人公の妻のモデルである秋山俊子の出身校が雙葉であった。これらのエピソードから、「雙葉」はいつしか「お嬢様学校」の代名詞的存在になったのであろう。進学校としての実力も確かなもので、今春の卒業生数百八十二名に対し、東京大学現役合格者数九名をはじめ、早慶上理への現役合格者総数は百九十八名と目覚ましい結果を残している。

ちなみに、「男子御三家」という呼称は「開成」「麻布」「武蔵」を指す。ほかに「神奈川（横浜）男子御三家（栄光学園・聖光学院・浅野）」「神奈川（横浜）女子御三家（フェリス女学院・横浜共立学園・横浜雙葉）」「男子新御三家（駒場東邦・海城・巣鴨）」「女子新御三家（豊島岡女子学園・鷗友学園女子・吉祥女子）」というグループ分けもある。

このように、いろいろな括りが存在するものの、教育業界で「御三家」といえば、「男子御三家」＋「女子御三家」、すなわち、開成・麻布・武蔵・桜蔭・ＪＧ・雙葉の六校を意味する。

有名な「空き缶の話」はウソ？

男子御三家の各校に比べ、女子御三家は長年ベールに覆われていた。

約三十年前に生まれたとされる有名なたとえ話を紹介したい。この話は女子御三家各校の在校生の特徴を表すとされている。

もし道端に空き缶が落ちていたら？

桜蔭生→本や参考書を読むのに夢中で、そもそも空き缶が落ちていることに気づかない。

ＪＧ生→友だちみんなで缶蹴りを始める。

雙葉生→神様が自分を試していると感じ、空き缶をそっと拾ってゴミ箱へ捨てに行く。

桜蔭の生徒はいわゆる「ガリ勉」で、平生より興味関心は勉強以外には向いていない。

ＪＧの生徒はとにかく元気、活発であり、集団で何かに取り組むのを好む。雙葉の生徒は純真で、かつ配慮の行き届いた上品なお嬢様であり、他人のためなら嫌なことを厭わない献身的なふるまいを常日頃から心がけている。

――そんなイメージをあらわしているのだろう。

数十年も受け継がれているたとえ話なので、さぞかし各校の在校生・卒業生の特色を的確に捉えているかと思いきや、これらの学校を少しでも知っている人であれば疑問を抱くかもしれない。

「え？　女子御三家出身の人と面識があるけれど、果たしてそういう感じかなあ？」と。

そう、このたとえ話は、「女子御三家たるもの、こうあってほしい」という当時の理想、願望が描かれているだけであり、実態とは隔たりがある。

実際、本書を著すにあたって、わたしは学校関係者のみならず、女子御三家出身の多くの卒業生に取材をおこなったが、導かれた結論は、従来の「空き缶のたとえ話はちょっと違うぞ」ということだ。

にもかかわらず、このたとえ話がなぜ数十年に渡り俗伝されてきたのだろうか。

それは、桜蔭・ＪＧ・雙葉とも学校側が内部の様子を積極的には公開してこなかったことが一番の理由だろう（学校サイドが意識してそうしていたわけではないだろうが）。

もちろん、市販されている受験案内や学校紹介本などでは女子御三家各校の校風や教育内容について言及されている。が、それらは学校説明会での小学生の保護者を対象にした講話、あるいは、そこで配布される学校案内（パンフレット）に記載されている内容の域を出ない表面的な情報ばかりである。女子御三家の真実を語る「生の声」が決定的に欠けているのだ。

先の「空き缶」のたとえ話に戻ろう。

わたしが考える三校の在校生や卒業生の典型的なキャラクターを「空き缶」の話に落としこむと次のようになる。

もし道端に空き缶が落ちていたら？
桜蔭生↓すぐさま拾い、ゴミ箱へ捨てにいく。（理系・医系の生徒は、捨てにいく途中で缶に記された原材料や成分をチェックする）
JG生↓考え事にふけっていたため、缶が落ちていることにそもそも気づかない。
雙葉生↓誰が捨てにいくのかを決めるジャンケン大会が始まる。（ただし、他人が通り

かかったら、その人に見せつけるようにそそくさと捨てにいく）

数十年語り継がれたたとえ話を大胆に書き換えてみたが、本書を読み進めていくうちに「なるほど、そういうことか」と納得してもらえるにちがいない。

女子御三家が秘密のベールを脱ぐ

著者はいわゆる「教育ジャーナリスト」ではない。二十数年間、中学受験指導を生業にしてきた塾講師であり、いままで女子御三家各校にのべ三百名近くの子どもたちを送り出してきた。そういう立場の人間であるがゆえに、本書を執筆するにあたり、二つのアドバンテージがあると自負している。

一つは、今回取材した女子御三家各校の卒業生の大半は、彼女たちが小学生のときにわたしが中学受験指導を直接おこなっていたという点。互いに距離が近く、こちらもあまり遠慮することなく、多くの情報やエピソードを聞くことができる。普通ならば黙して語らない出身校についての「本音」を引き出せる可能性が高いと踏んだ。

二つ目は、学校取材におけるアドバンテージである。わたしは中学受験を通じて子どもたちの指導をおこなうが、その教育のバトンを最終的には中学・高校に託すことになる。そういう意味で、塾と学校はいわば「近縁」である。だからこそ、教育について互いに共有している事柄が実に多い。それらを軸にして、学校側に深く切り込むことができるのではないだろうかと考えた。また、わたしは職業柄各校の入試問題を毎年研究している。入試問題には「学校側が求める生徒像」が見え隠れしていて、それらのメッセージを紐解き、各校の教育内容をより深く掘り下げられる自信を持っている。

さて、安直な「学校宣伝本」は作りたくない——わたしはこういう思いを執筆当初から強く抱いていた。どんな名門校であろうとパーフェクトなところなどない。なぜなら、学校とは多くの人たちの集合体であり、ある種の「生き物」であるからだ。秀逸にみえる「長所」も、受け手次第でそれは学校の課題や問題点、「短所」に転ずる可能性だってある。だからこそ、わたしは女子御三家を手放しで賞賛することなどはせず、それぞれが抱える負の側面にも言及したいと考えた。各校の暗部に踏み込むことで、甚だ逆説的ではあるが、その学校の放つ魅力をより際立たせることができるのではないかと期待したのだ。

ただ、企画段階で一抹の不安を抱いたのは、女子御三家各校が果たして本書の取材を受け入れてくれるかという点だ。聞くところによれば、これまで書籍取材を学校側に申し入れたものの叶わなかったケースもあったとか。

さまざまな思いを胸に取材を始めたが、卒業生たちの声を集めれば集めるほど、想像していた以上の手応えが得られた。中学受験指導に長年携わっているわたしでも知らなかった各校の真の姿が浮き彫りになってきたのだ。

それだけではない。

桜蔭・JG・雙葉の三校すべてが今回の取材を快く引き受けてくれたのである。しかも、当初の期待をはるかに上回る「学校関係者による現場の本音」を引き出すことができたのだ。

桜蔭は、ご自身も卒業生である佐々木和枝校長、そして、国語科教諭でもある齊藤由紀子教頭、理科教諭でもある小林裕子教務主任の三名が取材に応じてくださり、桜蔭の教育内容の詳細を熱く語ってくださった。

JGは、生命科学者で国際基督教大学名誉教授でもある風間晴子院長、国語科で教鞭を執る本多秀子教諭からお話を伺うことができた。なお、風間院長、本多教諭ともにJGの卒業生である。さらに、二〇〇〇年度から二〇一一年度まで奉職された田中弘志前院長にも取材協力をいただいた。

雙葉は、ご自身も卒業生である和田紀代子校長が取材に応じてくださった。二〇一〇年度より校長職を務める和田校長は、雙葉初の「シスターではない校長」である。

この三校の学校関係者の声が一冊に収められるのは本書だけである。とりわけ、桜蔭については（わたしの調べた限り）学校側が書籍の取材に直接応じたのは初めてのことではないかと思う。

本書を通読した皆様が、女子御三家——桜蔭・ＪＧ・雙葉の真実、魅力の理解にとどまることなく、これからの女子教育の在り方を考える機会となれば筆者として望外の幸せである。

女子御三家　桜蔭・女子学院・雙葉の秘密

目次

序章　女子御三家とはなにか

女子御三家の人たち

桜蔭、JG、雙葉の各校で学校生活を送った卒業生はそれぞれどのようなキャラクターの持ち主が多いのだろうか。わたしが今回出会った数多くの卒業生の中で、各校のカラーを示す典型的な人物を挙げてみたい。すべて取材の待ち合わせシーンである。

まずは桜蔭の卒業生たち。

平日の午前十時。わたしは渋谷ヒカリエ内にある和カフェの入口で三人の桜蔭卒業生と取材の約束を取り付けていた。念のため早めに出向いたわたしは、自身の失敗に気付いた。渋谷ヒカリエの開店時間は午前十時。そうなると、五階の和カフェに着くのはどんなに急いでも待ち合わせ時刻を五分程度オーバーしてしまう。その状況は彼女たちも同じである。呼び出したこちらが先に着いているのが礼儀だろうと考え、わたしは十時直前にエレベーターが唯一停まる七階で待機し、開店と同時に猛ダッシュでその和カフェへと向かった。

和カフェの入口に真っ先にたどり着いたわたし。ほっと一息つく間もなく、向こうから女性たちが小走りでやってくる。

「申し訳ありません。遅くなってしまいました」

息を少し荒くしながら、それぞれが詫びのことばを口にする。この状況をつくったのは開店時間を顧慮しなかったわたしに原因があるにもかかわらず、三人は数分遅れたことを心から反省しているようだ。

三人の女性は化粧もせず素朴で真面目な雰囲気である。見ようによっては、高校生と言われても納得してしまう。

「今日はいろいろな話を聞かせてくださいね」

わたしはそう言ってICレコーダーを回した。その瞬間、三人は一斉に姿勢を正した。

彼女たちは全員桜蔭から東大に現役で進学している。

次に、JG卒業生。

桜蔭卒業生たちへの取材と同日の夕方。わたしは上野の東京文化会館前のベンチに座っていた。

前方から大きな声が聞こえた。

「お久しぶりでーす！　先生にお会いするのは約十年振りですよね」

二十二歳の彼女は信州大学医学部の三年生。本人曰く、「大学の劇団の活動に熱中し過ぎて、ギリギリで進級できている」状態だそう。

食事は和洋中どれがよいかな？　と尋ねると、「飲めればどこでもいいですよ」と豪快に笑う。

居酒屋に到着して取材を開始。彼女はあたかも機関銃のごとくことばを繰り出していく。

「いやあ、医学部ってそもそも独りで黙々と勉強するタイプは向かないんです。友だちとの様々な情報交換が必須。わたしは友だちに頼りつつ、その場その場をなんとか切り抜けていますねえ。そういう要領の良さは中高時代に身につけたかも。あと、わたしの出身校ってなんだか愛嬌のある子が多いです。困ったときにはすぐに友だちが助けてくれるような。そうそう、わたしも愛嬌がある子かも。キャハ♪」

彼女の片手にはお猪口が握られている。二本目となる冷酒の入った徳利が眼前に置かれていた。

最後に、雙葉卒業生。

わたしは神田神保町の大型書店の前で待ち合わせをしていた。

待ち合わせの時間ジャストに彼女は登場。

「すみません。お待たせしてしまいました。先生、ご無沙汰しています」

白いニットを着て現れた彼女はいかにもお嬢様然とした出で立ち。ネイルサロンで手入れしたであろう淡いピンクのマニキュアはごく自然で嫌味がない。

喫茶店に移動して席に着くと、彼女はフルラのバッグからエス・テー・デュポンのボールペンをさっと取り出し、「取材ということですが、どうかご遠慮なさらず何でも聞いてくださいね」と真っ直ぐな瞳で微笑む。

現在は東京大学文学部国文学科の四年生。二十四歳になる彼女は母親に嘆かれながらも大企業への就職を選ばず、この四月より新規創業するスマートフォン、タブレット端末のアプリケーション開発会社に「第一号の社員」として就職するらしい。

「わたしが社員になることが決まったので、それで法人化する会社なんですよ」

開発中のアプリケーションは家族内でのコミュニケーションツール。「家族に平和を／人類に平和を」という標語を掲げて公開する予定とのこと。

「社会の最小単位は『家族』。この家族内の結びつきを強くすることが、社会で起きている様々な問題を解決する鍵になるのではないかと考えています。家庭の温かさに包まれていれば、人は人にやさしくなれるんじゃないかって思うんです」

真剣な眼差しで彼女はそう語る。

もっとも、各校の在校生や卒業生がこのような雰囲気を一様に纏っているかというと、そういうわけではない。しかし、桜蔭卒業生、JG卒業生、雙葉卒業生のキャラクターには、それぞれに一脈通じた「何か」が感じ取れる。その「何か」が如実に表れている人たちを例として挙げてみたのである。彼女たちは中高時代にどういう教育を受け、どんな経験を積んでその「何か」を獲得したのだろうか。本書でそれをじっくりと解き明かしていきたい。

トップレベルの偏差値

「女子御三家」という括り、呼称はいつごろ生まれたのだろうか。手元に『昭和五二年度（一九七七年度）用・中学入試問題集』（声の教育社）という入試問題を集めた冊子がある。その巻末に近年の中学入試の概況が掲載されているが、その中に「女子の御三家といわれる女子学院・桜蔭・雙葉を〜」という記述がみられる。このことから、少なくとも三十年前には「女子御三家」ということばが教育業界や受験生たちに浸透していたことが分かる。

2月1日入試　首都圏私立女子中学校
30年の偏差値推移一覧表

偏差値	1985年入試	2000年入試	2016年入試（予測）
72			**桜蔭**
71			
70	**桜蔭**　ＪＧ		ＪＧ
69	**雙葉**　フェリス女学院		**雙葉**　フェリス女学院
68			
67		**桜蔭**	
66	東洋英和女学院	ＪＧ	
65	学習院女子　立教女学院		
64	日本女子大附		
63		**雙葉**　フェリス女学院	
62	聖心女子学院		鷗友学園女子　吉祥女子　洗足学園
61			
60	横浜雙葉		学習院女子・頌栄女子学院・立教女学院
59	跡見学園		横浜雙葉
58		学習院女子	東洋英和女学院
57	恵泉女学園	横浜雙葉　頌栄女子学院	
56		普連土学園	晃華学園
55	東京女学館		日本女子大附

※四谷大塚主催「合不合判定テスト」偏差値一覧表より。偏差値は合格判定80%ラインを示す。

上の資料を見てほしい。この三校が以前から中学入試でトップレベルの難しさを維持し続けていることが理解できるだろう。

半径二キロ圏内に集中

さて、女子御三家の各校はどこにあるのだろうか。

桜蔭の所在地は文京区本郷一丁目。ＪＲ・地下鉄「水道橋駅」または、地下鉄「本郷三丁目駅」を最寄りとする。ほかにも複数の地下鉄が乗り入れる「後楽園駅」やＪＲ「御茶ノ水駅」、地下鉄「新御茶ノ水駅」

からも徒歩圏内に位置している。

ＪＧの所在地は千代田区一番町。最寄駅は地下鉄「麴町駅」である。地下鉄「半蔵門駅」、ＪＲ・地下鉄「市ケ谷駅」からも徒歩数分で行くことができる。

雙葉の所在地は千代田区六番町。ＪＲ・地下鉄「四ツ谷駅」の麴町口から徒歩二分に位置している。

次の地図を見てほしい。

千代田区北の丸公園にある日本武道館を中心軸に半径二キロの円を描くと、この三校はすっぽりと円内に収まるのである。どの学校もかなり近隣であり、かつ都心の一等地にあることが理解できるだろう。東京の中心部にある伝統校だからこそ、各校は一九二三年九月に起こった関東大震災、そして、一九四五年の空襲によって程度の差こそあれ大きな被害を受けている。その点についてはは各章にて触れていきたい。

大学受験指導に特化しない

首都圏の受験生憧れの女子御三家は高い学力レベルを有していないと入試で合格することは当然できない。だからこそ、「まえがき」でも触れた通り、トップレベルの才女が集

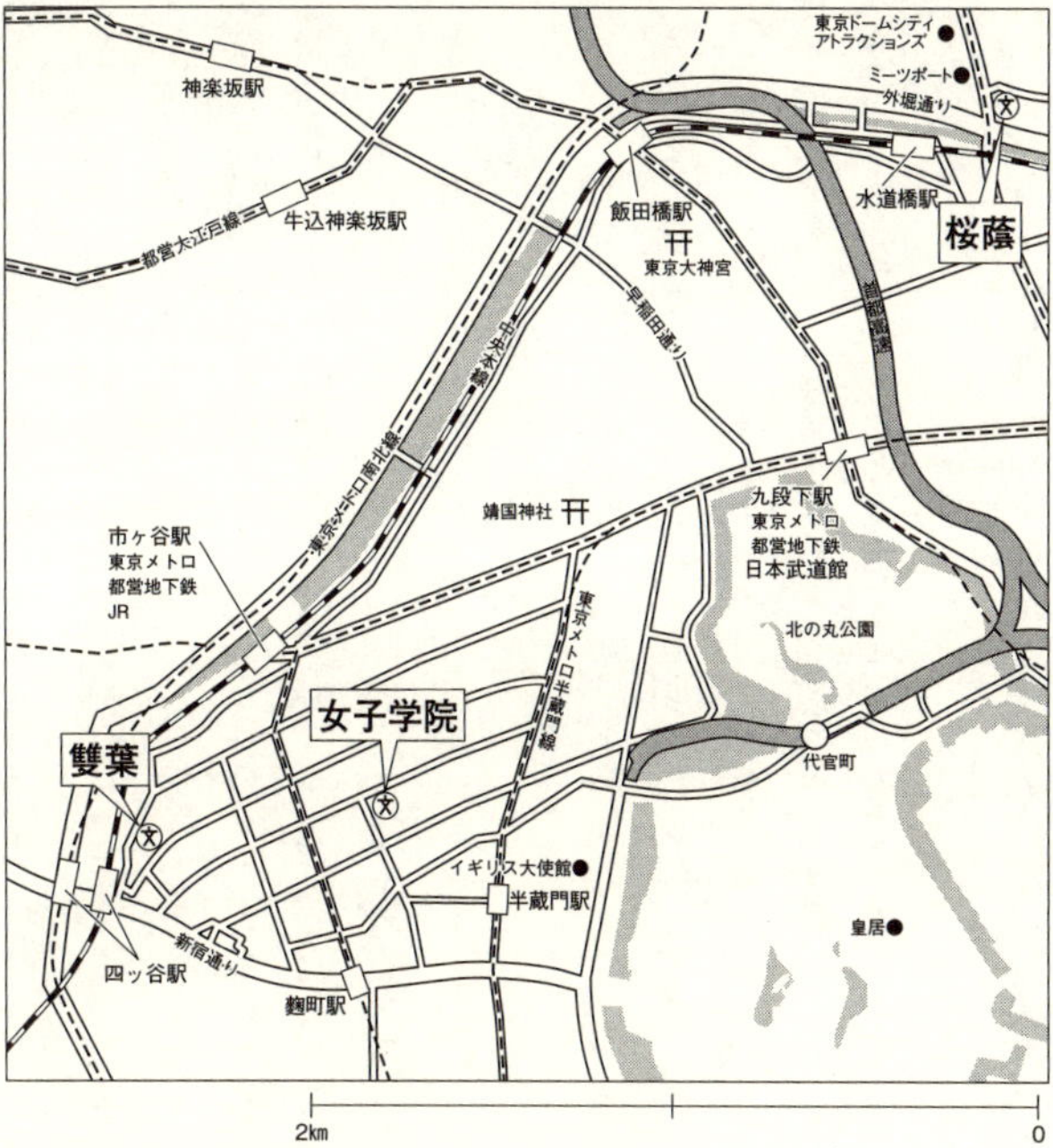
東京ドームシティ
アトラクションズ
ミーツポート
外堀通り
神楽坂駅
水道橋駅
桜蔭
飯田橋駅
東京大神宮
牛込神楽坂駅
都営大江戸線
早稲田通り
東京メトロ南北線
靖国神社
九段下駅
東京メトロ
都営地下鉄
日本武道館
北の丸公園
市ヶ谷駅
東京メトロ
都営地下鉄
JR
東京メトロ半蔵門線
女子学院
雙葉
代官町
イギリス大使館
半蔵門駅
皇居
新宿通り
四ッ谷駅
麹町駅
2km
0

結する女子御三家それぞれの難関大学合格実績は目を見張るものがある。

東京大学に圧倒的な合格者数を送り出している桜蔭。さぞかしスパルタ的な大学受験指導がおこなわれていると思うだろう。

しかし、桜蔭の佐々木校長は「この大学を狙いなさい、なんていう指導は一切していません」と言い切る。齊藤教頭も「それはそうですね。東大にこだわることもない。生徒の成績や適性を考えて、東大だけではなくて別の国公立大学も考えてみたらどう？　なんて薦めることもあります」と付け加える。

ずいぶん肩透かしを食うような発言ではないか。

その一方、卒業生からは桜蔭生の優秀さ、そして授業レベルの高さが伝わってくる。

この春に桜蔭を卒業したばかりで、東京医科歯科大学医学部に進学した女性はこう語る。

「振り返れば、頭のよい人がたくさんいた学校だと思います。東大理Ⅲに現役合格する人は学内でも『あの子はできるね』とさすがに一目置かれる子ばかりでしたが、勉強面ではあまり目立っていない、特別頭がよいとは思えない人であっても、平気で東大に現役で合格しています」

また、東京大学教養学部文科Ⅲ類一年生の卒業生は、桜蔭の授業をこう振り返った。

首都圏主要私立女子校
2015年度・難関大学合格実績一覧

学校名	卒業生数	東京大	一橋大	東京工業大	国立3校計	早稲田大	慶應義塾大	上智大	東京理科大	私立4校計
桜蔭	232	76	6	5	**87**	123	100	31	42	**296**
ＪＧ	240	30	17	6	**53**	180	110	72	57	**419**
豊島岡女子学園	343	30	10	10	**50**	185	114	67	139	**505**
フェリス女学院	181	8	7	8	**23**	55	46	21	34	**156**
雙葉	182	12	6	4	**22**	102	56	54	23	**235**
吉祥女子	283	5	3	9	**17**	127	45	36	75	**283**
鷗友学園女子	268	5	6	5	**16**	123	67	36	72	**298**
晃華学園	140	7	3	2	**12**	59	35	32	28	**154**
頌栄女子学院	218	3	3	5	**11**	115	72	65	23	**275**
浦和明の星	174	3	6	2	**11**	74	31	51	46	**202**
白百合学園	177	8	3	0	**11**	49	35	56	21	**161**
洗足学園	239	5	4	1	**10**	75	57	33	44	**209**
光塩女子学院	140	3	6	1	**10**	34	20	20	17	**91**
東洋英和女学院	185	4	2	3	**9**	64	45	28	8	**145**
横浜共立学園	184	0	2	6	**8**	85	37	44	21	**187**
湘南白百合学園	165	4	1	2	**7**	67	42	41	10	**160**
学習院女子	191	4	3	0	**7**	38	24	22	7	**91**
共立女子	289	0	2	3	**5**	64	32	51	61	**208**
横浜雙葉	178	3	1	1	**5**	35	39	34	17	**125**
大妻	256	0	1	2	**3**	60	22	47	24	**153**
立教女学院	189	3	0	0	**3**	27	24	20	12	**83**
淑徳与野	365	0	2	0	**2**	55	15	75	25	**170**
江戸川女子	341	0	1	1	**2**	50	21	32	26	**129**
田園調布学園	186	0	1	1	**2**	35	25	16	43	**119**
東京女学館	229	1	1	0	**2**	27	25	22	8	**82**
大妻多摩	176	0	1	1	**2**	42	15	13	8	**78**
普連土学園	128	0	1	0	**1**	26	20	32	11	**89**
富士見	240	0	0	0	**0**	57	10	28	28	**123**
鎌倉女学院	163	0	0	0	**0**	42	21	39	12	**114**

※合格者数には過年度卒業生を含む。

「授業は総じてレベルが高かったです。周囲ができる子たちばかりでしたので、ついていくのに必死でした」

それでは、JGや雙葉の大学受験指導はどうなのだろうか。

早稲田大学社会科学部三年生のJG卒業生は、「毎年五月に担任と面談するのですが、大学受験のアドバイスは全くないですね」と言う。

JGで国語の教鞭を執る本多教諭のことばがそれを裏付ける。

「『どこそこの大学を受けたらどう?』というような進路アドバイスはしません。もちろん、進みたい分野の相談には乗りますが」

風間院長はそのことばに同意しつつ、こんなエピソードを紹介してくれた。

「とある塾からJGに入学した生徒がいて、塾としてはその生徒が国立大学へ行くと期待していたらしいのです。ところが、その生徒は学校生活を営む中で福祉分野に関心を抱き、そこに力を入れている私立大学へ進学したのですね。そしたら、『塾としてそれは困る』と言われてしまったのです。わたしはそういう進路決定、決断を彼女が自ら下したことは大変喜ばしいことだと思います。ですから、その塾の方には『きっと今後も同じようなことがありますよ』と伝えておきました」

桜蔭だけでなく、JGでも特定の難関大学への進学指導に力を入れることはないようだ。そして、この点については雙葉も同様なのである。

上智大学文学部新聞学科に進学、卒業し、いまは大手生命保険会社で勤務する卒業生は当時を思い出しながらこう語った。

「雙葉って勉強の出来不出来で差別されるような空気は全くないですね。そういえば、高校三年生のとき、進路指導はおろか、三者面談すらありませんでした（笑）。どこを受験しようが学校側から口出しされることはありません」

雙葉の和田校長は受験競争をやんわりと牽制する。

「生徒たち一人ひとりがちがう命、ちがう使命があると思っています。中高生活の中で、自分の良いところに気付いて、それをどんどん磨いてほしい。点数で子どもを評価してはいけません。だから、本校では席次を成績によって決めたり、能力別クラスを作ったりはしませんね」

難関大学合格実績で全国屈指の結果を出しているにもかかわらず、意外や意外、女子御三家各校は受験指導に重きを置いていない。対照的にこの女子御三家に準じるレベルの私立女子校の中には学校が一丸となって受験指導に力を入れ、あの手この手を駆使して「難関大学合格者数増」を達成しようと躍起になっているところもある。

「大学受験指導に特化しない」――これこそが、桜蔭・JG・雙葉がそれぞれ独自の教育を大切にしている証なのだろう。

二〇〇〇年度〜二〇一一年度までJGに勤めた田中弘志前院長のことばから、その教育スタンスを窺い知ることができる。

「中高で六年間経験することがすべてキャリア教育であると考えています。一般教養がその礎になるでしょう。いまの世界は目まぐるしく変化しているから、いま希望する職業がそもそも将来存在しているかどうかも分からない。だから、中高時代はどこでもいつでも通用する教育、普遍性を持ったリベラルアーツを学ぶことこそが大切です。学校行事に情熱を注ぎこんで、何かを創造するとか、そういうものもすべて含めてね」

各校を比喩で表現するなら？

次章以降、各校の具体的な教育内容に踏み込んでいくが、ここでそれぞれの学校の全体像を知ってほしい。

今回、わたしは卒業生たちの取材時にアンケート用紙を配布して、それぞれの出身校に関する質問をおこなった。そのアンケートの結果を一部抜粋して紹介しよう。

まずは、各校の特徴を比喩表現で表すならどういうことばが適切か。また、その理由も併せて教えてもらった。

《桜蔭》
「鳥かご」……桜蔭独特の空気に包まれている感じがするから。
「水族館の大水槽」……色々なタイプの人が互いを攻撃することなく、同じ空間でうまくやっていくことができるから。

《JG》

「自立基盤」……どんなに遊んで暴走しても、最終的には自分で進むべき道を見つけ、そこに収まることができるから。

「自由な温室」……守られた環境の中で好き勝手できるから。

「何でも入る容器」……変わった人でもありのままに受け入れるから。

「温室の中のジャングル」……守られた環境の中で、多種多様な人たちが学校生活を送っているから。

「ごった煮」……様々な人たちが、自由にやりたいことをしてそれぞれ過ごしていたから。

《雙葉》

「和菓子」……優しさを持ちつつ、重みのある自分の考えをはっきり述べる人が多いため。

「植物園」……温室に囲われているイメージであることと、みんなそれぞれ違う花、個性を持っているから。

「温室」……守られた環境で生徒が伸び伸び育つから。

「ガラパゴス」……外界から影響を受けない独自の校風だから。


桜蔭生の回答数が少ないのは、この質問項目で「うーん……」と唸ったまま考え込み、結局、適切な回答を思い浮かべられなかった（あるいは、思い浮かべたものが腑に落ちない）人が多かったからだ。

JG生はあまり深く考えず一気に回答を書き付ける人が多かった。

雙葉生は考えに考えた末、「何も書かないと申し訳ない」という配慮だろうか、何とも納得のいかない表情のまま回答を完成させる人たちばかりであった。

アンケートに回答する作業をみるだけでも、各校の卒業生が「三者三様」の態度を示すのは面白い。こういうところにも各校の教育の特質が見え隠れしているような気がする。

回答内容に戻ろう。わたしが興味深く感じたのは、三校とも「守られている」感覚を抱いている人がいることだ。「温室」という表現がJGで二件、雙葉で一件登場しているのも興味深い。これは女子校全体に通底する感覚なのかもしれない。

JGの田中前院長は女子教育の持つ意味を次のようにまとめて話してくれた。

「彼女たちにとって人生の多感な時期に女性だけで学ぶ意味は、男性の目を意識しないで伸び伸びと飾らずにありのままの自分を出せるという点がまず挙げられます。たとえば、容姿に劣等感を持っている子。男性の前だとそれに引け目を感じている子であっても、女性の中だけだと自分が身に纏ったものをすべて剝ぎ取って『良いところ』も『悪いところ』もさらけ出せる。自分の持つ『光るもの』を周囲に評価してもらえる環境があるのです」

そのような評価を受けた子は、その先大学や社会に進んだ際に、周囲が評価し認めてくれたその自身の内なる部分に自信を持って堂々とふるまうことができるという。

彼女たちが自分たちの中高生活が何かに守られていたように感じたのは、田中前院長の発言内容をみると容易に理解できるのではないだろうか。

桜蔭は「多種多様」

続いて、それぞれの学校に通っていた生徒の特徴を、一言で回答してもらった。

《桜蔭》
「多種多様」（三名）／「個性的」／「真面目」

「多種多様」と書いた三名全員バラバラに取材をしていたから驚きである（しかも三名とも年齢が異なる）。「個性的」というのも同義であるから、これが桜蔭生の特徴なのだろう。聞くところによると、桜蔭生で「勉強が好きだ」ということを公言する人は皆無らしい。言い換えれば、勉強が好きなのは桜蔭生にとって空気を吸うように当たり前のことである。そして、彼女たちの知的好奇心は様々な分野に及んでいるのだ。

東京大学教養学部文科Ⅲ類一年生の卒業生はこう述懐する。

「勉強だけでなく、趣味などに熱中している人が多いです。マンガやアイドル、部活動などですかね。あと、文化祭企画委員として積極的に活動している人もいましたよ」

また、それらに対して真面目に取り組むのが桜蔭生の特徴だともいう。

東京大学理学部三年生の卒業生は振り返る。

「真面目な人が多いですね。自分でコツコツ計画を立てて、それぞれが思い思いにやりたいことに取り組んでいます」

多種多様な子たちが桜蔭に在学しているものの、価値観がちがうことでトラブルが勃発することはないという。

慶應義塾大学経済学部三年生の卒業生は、「わたしの学年だけかもしれませんが……」と前置きして、「個性的な子が多かったと思います」とこう切り出した。

「桜蔭には本当にいろんな人たちがいます。これが普通の学校だと、自分たちと性格が合わなかったり、空気の読めないような異端児だったりすると、いじめの対象になるじゃないですか。桜蔭生はそれぞれ合う人たちでグループを形成してはいるものの、その他のグループを排除するような雰囲気は一切なかった。世間では『空気の読めない子』と思われるような人たちも、そういう子たち同士で集まって、のびのびと学校生活を楽しんでいましたよ」

JGは「自由」

《JG》

「自由」（二名）／「帳尻合わせがうまい」／「世間知らず。意外と家庭が裕福」／「自由人」／「芯が強い」／「人懐っこい」／「それぞれ色々」／「頭の良いガキ」

JGは「自由」が生徒たちを表すキーワードのようだ。桜蔭、雙葉では「自由」ということばは登場しなかった。

慶應義塾大学経済学部を経て、いまは教育産業に従事している卒業生はJG生たちの「自由」をこう説明する。

「『人は人』と考える人が多いです。ひとりになっても何の抵抗もない、そんな雰囲気があります。あの子ひとりぼっちだよね、なんて後ろ指をさされることすらない」

東京農工大学農学部共同獣医学科四年生の卒業生も言う。

「みんな好き勝手にしている感じで、JGの居心地は本当に良かったですね。私立の女子校に入った周りの人に話を聞くと、いわゆる『女子文化』ってあるじゃないですか。みんなで一緒にお弁当を食べるとか、みんなで放課後遊びに行くとか。そういうのに馴染めない子がJG生ですよ」

JG卒業生に取材をしていると、なんだか海外の学校のことを聞いているような錯覚に陥ることが多い。なぜだろうかと考えていたら、東京大学工学部三年生の卒業生のことばでその理由がはっきり分かった。

「JG生は言いたいことがあればはっきりと言いますね。人懐っこいけれど、ベタベタしない雰囲気があります」

雙葉は「配慮」

《雙葉》

「元気」／「和やか」／「芯が強くてマイペース」／「感じがよい」

雙葉はそれぞれの表現は異なるものの、こちらが卒業生に抱く印象には共通したものが感じられる。極言するならば、他者に対して配慮できる人間が多いということだろうか。

余談めいているが、今回の取材でICレコーダーに録音した卒業生たちの声を一つ一つテープ起こしした際、雙葉の卒業生たちのテープ起こしが圧倒的に楽であった。彼女たちは頭の中で論理をすばやく組み立て、それを丁寧に説明してくれる術を身に付けていた。これも他者への心遣いのあらわれだろうか。一方、盛り上がり過ぎて、話があちこちに飛躍してしまい、テープ起こしに苦心させられたのはJG卒業生が大半だ（笑）。

東京大学大学院学際情報学府修士課程一年生の卒業生は、桜蔭・JGと比較した上で、雙葉生の特徴をこう説明してくれた。

「『女子御三家』と一括りにされますけど、桜蔭やJGと比べて、雙葉ってちょっと毛色が違います。ガツガツしていないというか、そういうところがあるんです。のんびりしている中にもしっかり自分を見つめられる人が多い。雙葉生ってちょっと変わっている人が多いんですよね。わたしもそうですが、マイペースで『周りがこうだから』と焦ることもない。自分はこれがいいんだと思えることに進んでいける……。東大に入っても、雙葉の人たちってのんびりしていて、決して刺々しいことなどないんです。自分の世界観を大切にしている人が多い。そんな気がします」

お嬢様学校といわれる雙葉ではあるが、メディア関係の仕事をしている卒業生はこんなことを教えてくれた。

「真面目で芯の強い生徒さんが多いと思います。家柄が良い方も多くいますが、それを鼻にかけている感じもなく親しみやすい方ばかり。むしろ質素な印象さえあります」

それでは、雙葉生の持つ「芯の強さ」とはどういうものなのだろうか。

慶應義塾大学医学部五年生の卒業生は少し含みを持たせてそれを説明してくれた。

「『バラはバラらしく、百合は百合らしく』ということをよく言われていましたが、雙葉のいちいち他人と比較しない環境は素晴らしいと思います。伸び伸びできますよね。そして、雙葉で学校生活を送ると、複雑な人間関係をどう切り抜けていくかという処世術を身につけることができると思います。だから、雙葉の子たちは結構たくましいと思いますよ」

雙葉の複雑な人間関係とは一体何だろうか。これについては第3章で詳解したい。

女子御三家の長所と短所

次に各校の「よいところ」「よくないところ」をアンケートで尋ねてみた。長所と短所が表裏一体になる回答の多かったのが特筆すべき点である。その人の心持ち次第で、学校生活に抱く印象ががらりと変化することを意味している。

《桜蔭》

よいところ

「行動力のある人、個性的な人が多い」／「皆が伸び伸びとしている」／「人材力のあるところ」／「安心な学校生活」／「色々な人の個性が認められる点」

よくないところ

「学外（他の中高など）と関わる機会がほぼない」／「保守的なところ」／「いわゆる『女子力』が育たない」／「閉鎖性が高い」／「外部との交流が少ない」

桜蔭生の特徴でも触れられたが、やはり桜蔭のよいところは、多種多様な生徒たちが積極的に学校生活を送っていることにあるようだ。一方、よくない点として多く登場したのは桜蔭の「変化を嫌う体質（閉鎖的な面）」である。卒業生に話を聞くと、他校との交流は無いに等しいらしい。

《JG》

よいところ

「たくましくなる」／「自由奔放なところ」／「放任、自由」／「自由」／「先生が干渉しないところ」／「抑圧されない」／「自由なようでハメは外さない」／「生徒一人ひとりが芯を持っているところ」／「多くの活動が生徒主体である」

よくないところ

「人に頼ることを忘れる」／「私のように不真面目な人間にとっては自由過ぎた」／「生徒の視野を狭める環境」／「男子がいない」／「勉強を強要されないところ」／「勉強しなくても済んでしまう」／「自由過ぎる」／「少し閉鎖的なところ」／「規律に縛られることへの耐性がない状態に育つ」／「進路指導が丁寧でないところ」／「先生が生徒を細かく見ないところ」

ＪＧの長所、短所をみると、「自由」をどのように捉えるかで学校の見え方が随分変わることが分かる。卒業生のひとりは「ＪＧでは自由を謳歌できるが、言い換えると、それは堕ちようと思えばどこまでも堕ちていく環境です」と言い切る。ＪＧの長所を享受するには、自らをしっかりと律せる子でなければならないということだ。

《雙葉》

よいところ

「ネームバリュー」／「自分で考える力がつく」／「社会的評価が高い」／「みんながそれぞれを認め合う空気がある」／「個人の成長を見守ってくれるところ」／「先生、生徒の人の好いところ」／「自由な校風の中、伸び伸びとできるところ」／「英語教育が充実しているところ」／「多彩な才能を持つ生徒たちが集まっていたこと」

よくないところ

「授業が物足りないところ」／「授業のレベルが少し低い」／「同じような家庭環境で育った子が多く世間をあまり知らないところ」／「授業でモチベーションの上がることがあまりない」／「対外交流が皆無」／「受験校という感じではないので、科目指導的に少し物足りないところ」

雙葉の長所で「ネームバリュー」「社会的評価が高い」とあるのは、桜蔭、JGの卒業生は決して口にしなかったことだ。

東京大学文学部四年生の卒業生は雙葉の世間的な評価をこう分析する。

「『東大です』、というよりも、『雙葉出身です』と言ったほうが好印象です。もう格段にウケが良いですね。特におじさんには『雙葉なんだあ。ぼくの憧れだったんだよ』なんて言われますね（笑）。多分、みなさん雙葉に柔らかい印象を持っているんでしょうね」

二十七歳になる社会人の卒業生も同じようなことを口にした。

「自分で言うのもなんですが、雙葉の社会的評価はかなり高いと思いますよ。まず『お嬢様だね』って言われます。これはおじさんだけでなく、同年代の人にも言われますね。お嬢様で品が良くて……っていうイメージがあるんじゃないですか」

そして、短所では授業の物足りなさを挙げる声が多かった。ここについては第3章でその理由を探ってみることにしよう。

さあ、それでは、女子御三家——桜蔭・JG・雙葉の世界を覗いてみよう。ベールを脱いだ女子御三家独自の教育、学校生活は果たしてどのようなものなのだろうか。

第1章　**桜蔭**　圧倒的な東大合格率の理由

桜蔭坂を上る

一九四七年、それまでの「小石川区」と「本郷区」が合併して「文京区」が誕生した。このエリアは徳川家康が江戸城下に入ったころから急激な発展を遂げた。大名屋敷や武家屋敷が立ち並ぶことになり、また、それとともに数多くの寺社が創建される。そして、この地には幕府の教育機関である湯島聖堂や昌平坂学問所が設けられた。湯島聖堂の敷地内には「日本の学校教育発祥の地」の掲示がある。

明治時代に入ると武家屋敷や幕府の領地は次々と教育機関の敷地へと形を変えた。たとえば、昌平坂学問所跡には東京女子師範学校（お茶の水女子大学の旧制前身校）が、加賀藩上屋敷跡には東京医学校（東京大学医学部の前身）が移転し、その後、東京医学校は東京開成学校などと統合し、現在の東京大学本郷キャンパスとなる。なお、あの有名な「東大赤門」は「加賀百万石」と形容された前田家上屋敷の正門である。ほかにも多くの官立、私立学校がこの地に置かれることになる。

また、坪内逍遥、森鷗外、夏目漱石、樋口一葉などの文人が住み始め、この地を題材にした名作が多く誕生する。このような背景があるからこそ、文京区の名が付けられたのだろう（区の名は公募により決定された）。

そんな文京区の南端に賑やかな場所が存在する。水道橋駅界隈である。駅を降りると目に飛び込んでくるのは、東京ドームや東京ドームシティアトラクションズの観覧車。近隣にはオフィスビルが林立し、平日の朝は出社を急ぐビジネスパーソンでごった返す。

そのような雑踏の中、紺のブレザーにジャンパースカートといったシンプルな出で立ちの女子生徒たちがパンパンに膨らんだ重そうな鞄を持って、白山通りの東側にあるカフェの横道を足早に進んでいく。

この通りの先には、間もなく急な坂道があらわれる。この坂道の名称は「忠弥坂」。江戸時代前期の武士であり、御茶の水に宝蔵院流槍術の道場を開いていた丸橋忠弥がこの名称の由来になっている。丸橋忠弥は由井正雪の幕府転覆計画（由井正雪の乱）に加わったことで、幕府により処刑された。この坂を上ったところに丸橋忠弥の道場があったらしい。

坂を上りはじめると、右手には東京都立工芸高校の校舎が見えてくる。また、左手には明治以来の歴史を持つ宝生会所有の能楽堂がある。水道橋の駅から徒歩数分の位置ではあるが、周囲の木々の緑も相まって閑静な町並みである。

忠弥坂の急な勾配が終わりを告げようとしているとき、左手並び前方に中学・高校の校舎や講堂が忽然とあらわれる。

これが日本一の女子進学校、「桜蔭学園」である。

桜蔭の在校生、卒業生、関係者は先の忠弥坂を「桜蔭坂」と呼ぶ。なお、地下鉄「本郷三丁目」駅から桜蔭へ向かうと、坂道に苦しむことはないらしいが、大半の生徒は水道橋駅を利用している。そうすると中高の六年間、桜蔭へ登校する際には必ずこの桜蔭坂を上らなければならない。

「遅刻しそうになったときは、桜蔭坂を駆け上がるのが本当につらかったです」

卒業生のひとりは苦笑しつつ、懐かしそうな表情を浮かべる。

厳かな本館で「礼法」の手ほどきを

桜蔭学園の校地には本館と西館、小道を挟んで、東館、講堂棟、別館がある。二〇〇三年に竣工した西館は近代的な建物であり、館内にはいたるところに桜蔭ゆかりの芸術家たちの絵画や彫刻などが飾られている。広々とした開放的な雰囲気があるところだ。

この桜蔭の敷地内でひときわ異彩を放っているのは西館の隣にちょこんと座しているような佇まいの本館。

桜の樹をくぐるようにして本館の扉を開けると、時間がゆっくりと流れるような空間があらわれる。それもそのはずだ。この本館が落成したのは一九三二年（築八十四年）。とはいえ、古臭い感じはしない。重厚な造りであることと、掃除が行き届いているためであろう。むしろ、森厳な静寂に満ちていて、居住まいを正される心持ちになる場所だ。

この本館の最上階（三階）に小さな講堂と礼法室がある。

礼法室に入ると張り替えたばかりである新畳のいい匂いが漂ってくる。その礼法室の片隅にはちょっとした焦げ跡がある。案内してくれた先生が呟く。

「これは空襲で焼けてしまった跡なのです」

本館の背負う歴史の重みを改めて実感させられた瞬間であった。

一九四五年四月十三日。桜蔭の入学式がおこなわれたその僅か二日後、「城北大空襲」により桜蔭は全校舎の四分の三を焼失している。

そのような苦難を乗り越えてきた本館だからこそ、思わず気が引き締まるような雰囲気を醸し出しているのかもしれない。

自身も桜蔭で学んだ佐々木和枝校長は微笑みながらこう語る。

「もちろん、わたしも礼法の授業を受けました。ときには足を痺れさせながら（笑）。礼法って形だけではありません。相手の気持ちを考えて行動することだと思います」

佐々木校長は礼法の教育が桜蔭生の一生の財産になるという。

「これから子どもたちが社会進出を果たして、場合によっては海外に行くこともあるかもしれない。文化が違う人たちとコミュニケーションを取る際に、相手の立場を思い遣る──その基本作法を礼法の授業で学べるのではないかと思います。とはいえ、わたしたちは女子校ですから、男子の目を気にしないようなお転婆な子も多いですよ（笑）。でも、しかるべきときに、この礼法で身に付いたものが出ればよいのではないかと思います」

卒業生たち三人がこの礼法の授業の感想を口々に語ってくれた。

「礼法の授業は面白くて、役立ったと思います。が、中にはその堅苦しさに反発する子もちらほらといました。いま思い出したのですが、高一のときに複数の学校の生徒たちが集まっての『能楽鑑賞会』があり、各校の代表者が能楽の舞台に座らされるのです。他の学校の生徒は何だかダラダラしているけれど、桜蔭の子たちは壇上で正座するとき、実にきれいに着地するんですね。ああ、礼法の授業はこうやって息づいているのだなあと感心しました」

「わたしはもともと『お辞儀をする格好が変だ』と親から注意されていたんです。が、礼法の授業を受けてからは、『なんだか姿勢が良くなったな』と褒められました」

「わたしは座学が苦手だったのですが、それ以外は面白かったです。非日常的な空間が新鮮でしたね。礼法の授業はいまの自分にも大いに役立っていると感じます」

そう、桜蔭生たちは実に礼儀正しいのである。序章で紹介した「女子御三家の人たち」のエピソードにも、それが如実に示されている。

学力、すなわち「学ぶ力」が他者と比較して格段に優れている彼女たちだからこそ、礼法の授業内容を自身の中へ立ち所に取りこむことができるのだろう。

「学べや学べ、やよ学べ」

この「礼法」が桜蔭の教育内容とその歴史を紐解く上で、重要なキーワードとなる。

桜蔭学園はいまのお茶の水女子大学の前身である教員養成校の東京女子高等師範学校の同窓会組織『桜蔭会』が創立した。当時、大正時代は女子が学問になかなか打ちこめる雰囲気ではなく、桜蔭会は常々自分たちで学校を創立したいという思いを持っていたらしい。そんな時、関東大震災で桜蔭会の寄宿舎と会館が全壊してしまった。これを機にこの地に桜蔭学園を設立したのである。

佐々木校長は言う。

「当時は女性参政権がなかったのに、約八千人いた桜蔭会の方々が初代の校長を決める際に選挙をおこなったのです。そして選ばれたのが、宮中で教育係を担った後閑キクノ先生。彼女が礼法の先生でした。それから、ごく自然に桜蔭で礼法の授業が取り入れられました。その後、教育課程の変更などもありましたが、独自の教育がある程度許容される私学ですから、桜蔭の原点ともいえる礼法の授業は昔から変わらずに続いています」

後閑キクノは播磨出身の教育家である。東京女子師範学校の教員を経て、同校の教授となる。国語・修身・家事・作法と幅広く担当し、明治期の家事教育の礎を築いた人物である。一九一八年に久邇宮良子女王殿下（のちの香淳皇后陛下）が皇太子妃に内定すると教育主任を務めた。女子教育の権威ともいえる後閑の初代校長就任はその後の桜蔭の「あるべき姿」を決定づけた。

後閑は佐方鎮子との共著『家事提要』（一九〇二年刊行）を残している。

その『家事提要』の「総論」に次のような記述が見られる。

「子女の教育其の當を得る時は、智徳の発達をして、完全ならしむることを得べし。若し能く是等の務を全うすることを得ば、一家の幸福之に過ぐるものなかるべし」

ここで後閑は女性たちの「智徳の発達」の重要性に言及している。

桜蔭が設立された当時は、新婦人協会や日本婦人参政権協会らによる女性の社会的、政治的な権利獲得のための運動が起こっていた。言い換えれば、当時の日本には女性が「智徳を発達させる」教育環境は十分に整っていなかった。

その状況を憂えた桜蔭会が「教育で社会に恩返しをしたい」という使命に燃え、関東大震災によって焦土と化した地で一九二四年に桜蔭を設立したのである。

後閑は入学生を迎え入れると、「学べや学べ、やよ学べ」と生徒たちを励ましたという。

このことばの表面だけをなぞり、「ああ、やっぱり桜蔭生はガリ勉で、勉強以外のことには何も興味を示さないんだ」と解釈しそうになるが、それは早計というものだ。

後閑は学ぶ機会に恵まれなかった女子生徒に対して、学ぶことの喜び、楽しさを伝えたかったのであろう。女性だからといって何も遠慮することはない、さあ、この学び舎で思う存分学び、自らの智徳を発達させましょう、と。

そして、女性の大学進学が当たり前となった現在、学びを謳歌できる気風に包まれた桜蔭の生徒たちの多くは、男子の最優秀層に全く引けをとらない、いや彼ら以上の学力を身に付けて難関大学へ続々と進学していくのである。

生徒たちの進路状況は時代とともに激変したと佐々木校長は言う。

「わたしの五つ上の姉も桜蔭出身ですが、彼女とわたしの時代を比べても桜蔭生の進路は全然違うのです。姉の時は四クラスのうち二クラスが就職のためのクラスでした。そういう時代だったのです。しかし、わたしの代になるとほぼ全員が短大を含めた大学に進学しました。ですから、昔の卒業生が桜蔭出身と打ち明けると『え、東大にたくさん入っているあの桜蔭？』なんて聞かれてしまい、戸惑ってしまうとともに、ちょっぴり恥ずかしくなるなんて話もあります（笑）」

第一線で活躍する卒業生

桜蔭の建学の精神は「礼と学び」であり、校訓は「勤勉・温雅・聡明であれ」「責任を重んじ　礼儀を厚くし　良き社会人であれ」である。

一九二四年に桜蔭が創立されてから九十年強、これまでに輩出した卒業生は約一万八千人。優秀な頭脳を持った桜蔭の卒業生は医者、弁護士、政治家、官僚、研究職、企業の総合職など多岐に渡る分野の最前線で活躍している。

著名な卒業生としては、参議院議員の猪口邦子（中学卒業）、衆議院議員の豊田真由子、イラストレーターの水森亜土、弁護士の土井香苗、アナウンサーでは黒崎めぐみ（ＮＨ

K）、繁田美貴（テレビ東京）、タレントでは菊川怜、三浦奈保子など。また、大学教授（特に医学部）が多いのも特徴的である。最近ではミス日本コンテストで準ミスに輝いた東大医学部の女性が桜蔭卒業生であり、話題になった。

桜蔭中学校・桜蔭高等学校が発行した『桜蔭学園創立90周年』の記念冊子の後半には「アンケート結果よりみた卒業生の動向」が細かに記載されている。

たとえば、「現在の就業状況」が年代別にグラフ化されているが、二十代から五十代までの就業率（非常勤やパートも含む）は八五％～九五％である。これは二〇一三年の調査に基づくものであり、同年の全国女性平均就業率（十五歳～六十四歳）が約六二％であることを考えると、驚愕に値するデータであることが分かるだろう。

さらに、「現在就業している」と回答した卒業生の職種別順位が目を引く。三十代、四十代、五十代とも第一位は医師である。その他、薬剤師、大学教員も上位にランクインしている。アンケート調査によれば、最近は弁護士や裁判官が増加傾向にあるとか。

桜蔭生は「学べや学べ」のあとは、「働けや働け」なのだ。

充実のキャリア教育

女性の社会進出という観点から考えると、桜蔭生の活躍は実にたのもしいが、その一方、卒業したばかりの大学生はこんな不安を口にする。

「わたしは桜蔭でこんな噂話を耳にしたんです。桜蔭生は東大に入る確率より、結婚生活を順調に続けられる確率のほうが低いって（笑）。本当なんでしょうかねえ。そういえば、わたしが高二の時、たまたまクラスの子たちと恋愛の話をしていたことがあり、『彼氏は要らないけれど、孤独死はしたくないから結婚はしなきゃね』なんていう冷めた意見に同級生の多くが同意しているのを見て、ちょっと引きました（笑）」

この噂話は根も葉もないもの、とは決して言い切れない。桜蔭卒業生の就業率の高さ、そして、彼女たちの多くが経済的に自立できる生活環境を得ていることを考えると、「さもありなん」と思わずうなずいてしまう。

「女性活躍推進」を掲げる内閣府にとっては格好のモデル校になりそうなものだが、学校サイドの考える「女性の活躍」とはどういうものだろうか。

佐々木校長はこう語ってくれた。

「人にはそれぞれの個性、生き方があります。それらを活かしながら、世の中のために役に立ってほしいという思いを持っています。その活躍の場がどういうところであるかは人それぞれですよね。目立たない地道な活動もあるかもしれないし、ときには上手くいかないことがあるかもしれない。その時に、桜蔭で蓄えた土台になる力、精神力を持って、周囲の人たちの気持ちを考えながら行動していってほしいと願っています」

抽象的なメッセージに感じられるが、一流大学を経て、医者になるコースが最善の道、などと学校側は考えていないことが伝わってくる。

その思いをこめて桜蔭が生徒たちに公開しているのは「キャリア講演会」だ。

桜蔭のキャリア講演会ではできるだけいろんな分野の人を選んでいるとのこと。中学校三年生の時点で様々な職種に就いている卒業生が桜蔭生にメッセージを寄せる冊子を配布する。その冊子をホームルーム、あるいは、家に帰ってから親と一緒に読むことで、やがて訪れる未来へ思いを馳せるらしい。様々な分野で活躍する卒業生の存在は、在校生にとって何より刺激になるのだろう。

佐々木校長はキャリア講演会に込めた思いを説明する。

「わたしたちには『東大だけではないよ。医者だけではないよ』という思いがあるんです。高校一年生の六月にその冊子の中から六名〜七名ほどをお呼びして講演会をおこないます。

年齢構成も職種もばらけるようにしています」

ゲストの職種は確かに多岐に渡っている。ベンチャー企業の社長、気象予報士、警視庁勤務の方、新聞記者、大学の研究者、中にはスペイン舞踊を生業にしている人まで……。

キャリア講演会では、ゲストの卒業生たちが自己紹介や職種の大まかな内容を伝えた上で、そのあと各教室へと分かれ、生徒たちは話を聞きたい人を思い思いに選ぶのだという。

佐々木校長はこう言い添える。

「ゲストに招いた卒業生のほとんどは、自分の思い通りに夢を叶えた人ではありません。一筋縄ではいかなかった方ばかりです。でも、いま振り返れば、積み重ねてきた経験がいまの自分を形成している、なんて話をしてくれるわけです。わたしたち教員が伝えるよりも、よっぽどインパクトがありますよね」

「桜蔭は日本一の学校なんだ」

卒業生たちになぜ桜蔭を志望したのかを尋ねてみた。彼女たちはやはり社会の第一線で活躍することを夢見て桜蔭を目指したのだろうか。

東京大学理学部三年生は、こう明かす。

「わたしには一つ年上の兄がいて、なんでも真似していたくらい影響を受けていたんです。その兄が開成に合格し、わたしも中学受験勉強を当然のように始めました。六年生のときに桜蔭とJG両方の文化祭を見学して、両校とも良いなあと感じました。その後、塾の先生から『君は桜蔭を狙うとよいよ』とおだてられて（笑）、その気になってしまいました」

同じく東京大学理学部三年生の別の卒業生は変わっている。塾通いは何と六年生からであり、しかも、その塾通いは日曜日のみ。桜蔭を目指す受験生ならば、大抵は小学校三年生、四年生頃から塾通いを始め、六年生では週三回、四回の通塾は当たり前である。

「中学受験は当初考えていませんでした。親が『桜蔭の人は面白い人が多いんだよ』と言ったので、それならと文化祭を見学しました。その際、いまは存在していない『点字部』の取り組みに感動したんですね。それで桜蔭を志したわけですが、『不合格なら公立中学校でもいいや』という軽い気持ちでしたね」

彼女は塾にほとんど通わなかった分、両親から勉強を教わっていたらしい。聞けば、母親は大学で教鞭を執り、父親は研究職であるとのこと。アカデミックな家庭環境ならではの特異な例かもしれない。

東京大学教養学部文科Ⅲ類一年生の彼女は親の一言で受験を決めたという。彼女の父親は大学教授。

「中学受験は親が決めました。いろいろな学校に見学に行きましたが、『桜蔭は日本一の学校なんだよ』なんて親に言われてその気になったのです（笑）」

慶應義塾大学経済学部の三年生は、「一番上」ということばを志望理由に含めた。

「うーん、単純に桜蔭が有名だったから（笑）。どうせ中学受験をするなら、一番上を目指したいと思ったんですよね」

彼女は端からJGや雙葉の受験は考えていなかったという。

この春に卒業したばかりで、国立大学の医学部に進学した卒業生は、父親が医者であり、小さな頃から当然のように医師を志していたという。そんな折、「日本で一番東大理Ⅲに進学する女子校がある」と聞き、それが桜蔭だった。

同調圧力など無縁の学校生活

こういう志望理由を見ていくと、さぞかし「勉強オタク」が桜蔭に結集しているように思ってしまう。序章で取り上げたアンケートで桜蔭生の特徴は「多種多様」と表現されていたが、実際はどうなのだろう。

東京医科歯科大学医学部一年生の彼女が中高生活を振り返る。

「わが道を行くタイプの人が多かったですね。他人を気にしないドライな性格の子がほとんどだと思います。クラス内で何となくグループはできるけれど、それも流動的。たとえば、ディズニーランドに遊びに行ったときも『○○ちゃんも行きたいって言っているよ』と普段グループに属していない子であっても気軽に加われる雰囲気がありました。中一の頃は友だちの悪口をこそこそ言う子もいましたが、すぐにみんな丸くなります（笑）」

これは彼女の代に限った話ではなさそうだ。

彼女の二つ年上の卒業生三人に桜蔭内での友人関係を聞いてみた。

「クラス内は自然と幾つかのグループに分かれますが、正直はっきりとしない感じです。帰宅するときも、グループ内でというよりも、自宅の方向が同じ人と途中まで帰りますね」

「トイレに行くときは基本ひとりで、誰かが付いてくるなんてことはありません。下校時は駅くらいまでは一緒に帰るけれど……という人が何人かいました」

「いつも一緒にベタベタする……というような雰囲気はありません。帰宅前に話があんまり弾まないときは、ひとりで帰りました」

同調圧力など無縁の学校生活を送っていたことが分かる。

また、桜蔭の卒業生たちに取材をしていて判明したのが、桜蔭内では勉強面で順位を争うことなどないという点だ。成績優秀者の掲示や公開も学校側では全くおこなっていない。卒業生が証言するところによると、クラス内で数人授業に付いていくのに苦しんでいた子がいたらしいが、勉強ができないことが原因で仲間外れになるような雰囲気は桜蔭には一切ない。「勉強至上主義」であると勘違いされやすい桜蔭生ではあるが、そもそもトップレベルの学力を備えている彼女たちは、勉強の出来不出来で人を評価するなど下らないことだという価値観を持っているのだろう。

桜蔭生は「塾漬け」になるのか?

桜蔭坂を上って登下校する桜蔭生たちを見ていると気になることがある。多くの子が大きく膨らんだカバンを重たそうにして持っているのである。

塾の教材などがそこに詰め込まれているのだろうか。「日本一の女子進学校」に通う彼女たちは、やはり学校帰りには塾へと直行するのかもしれない。

塾通いについて卒業生のひとりに尋ねると意外な回答が得られた。

「桜蔭の授業を完璧にこなせれば大学受験に対応できます。わたしが中一～高三の最後まで塾にお世話になったのは、わたしの飲み込みが遅いせいなのです。桜蔭では理科・社会の高校単元は高三の最後になってギリギリで終わるんですね。そうすると、入試本番が迫っているのでその復習の時間がなかなか取れません。桜蔭の授業進度ですが、中学は割とのんびり。高校になってから一気に加速する感じです」

そして、彼女はこう付け加えた。

「塾通いは中一時点で三割くらい。高校生になってから半数を超えるくらいでしょうか。高三時はほとんどが通っていると思います。でも、わたしが知る範囲で言いますと、塾通いを一切せずに東京医科歯科大学医学部に現役合格した友人もいます。また、高三になって『添削』と『自習室利用』が主たる目的で予備校に形だけ籍を置いていた子は、現役で東大理Ⅲに合格しています。塾の力を借りなくても、学校の勉強だけで大学受験は対応できるということですね。あと、『桜蔭の授業レベルが高すぎてなかなか消化できないため、それを補うために塾を活用する』という人もいますよ」

こう聞くと、通塾率は他の私立中高一貫校と大差がなさそうである。いや、むしろ、低い部類に入るかもしれない。

雙葉出身の慶應義塾大学医学部生に取材をした際、彼女からこんなことばを聞いた。

「桜蔭生の中には塾通いしないで東大理Ⅲに合格した人もいます。わたしなんて塾漬けでしたから、かなり羨ましい話です」

では、桜蔭生が持ち歩くパンパンに膨らんだカバンの正体は何だろうか？

卒業生のひとりは破顔一笑してこう答えた。

「ああ、あれは指定鞄の容量があまり大きくないからですよ（笑）。ノート、教科書、電子辞書、そして、一番の原因はお弁当を無理やり詰め込んでいることです（笑）。お弁当を入れるには本当に苦労する、そんな困ったサイズなんですよ」

桜蔭には学食がないのが大きい、と彼女は溜息をつく。ちなみに桜蔭ではパンの校内販売をおこなっていて、利用する生徒も多いとか。

「販売されるパンの種類は多いのですが、途中で値上げしてしまったんですよねえ。あと、謎のパンがあります。『ポテトサラダ』と『丸ポテトサラダ』という二種類のパンの違いが結局分からないまま卒業してしまいました（笑）」

低迷してしまう生徒は？

先の話に戻るが、学校の授業についていくために塾通いをする生徒が存在するというのは驚くべきことだ。

桜蔭の入試問題は難問揃いであり、ときたま算数ではその難しさがエスカレートしてしまい、受験生内の点差があまりつかなかったと予想される年もあった（ここ最近ではそういう年はないと考えられる）。換言すれば、「逆転合格」が起きやすい年もあったということだ。

本来なら合格するはずがなかったレベルの生徒たちは、いざ桜蔭に入学した後、かなり辛いことになるのではないか。そして、学業不振でドロップアウト（退学）してしまう生徒が続出してもおかしくないように思えるのだが……。

卒業生のひとりにその不安をぶつけてみると、こんな答えが返ってきた。

「わたしの代では成績不振で退学なんて話は聞かないですね。知っているのは、中学生の頃から不登校が続いてしまっていた子が途中で辞めたということ。そして、高校受験をして慶應義塾女子高校へ進学した子がいること。関西に転居したので転校を余儀なくされた子もいました。関西に転居したその子は文化祭に遊びに来てくれましたね。あとは中三時に東日本大震災に伴う原発事故があり、おそらくその影響でしょうが、海外へ留学した子が二人いました」

学校側によれば、学力的に低迷してしまう生徒は確かに存在するとのこと。しかし、そのような生徒を放っておくことは決してしないという。

「桜蔭の教員はかなりきめ細やかに生徒の学習フォローをおこなっています。教員サイドから『あの子はいま勉強面でつまずいているようだから、ちょっとみますね』なんていう申し出は多いですよ。また、本校は十七時が下校時間ですが、授業が終わる十五時十分以降、教員に届け出をした上で、友人たちと居残り勉強をする姿が見られますね。互いに問題を出し合って、学習に励んでいるようです」

佐々木校長の弁を受けて、齊藤由紀子教頭が補足する。

「高校生になると、生徒たちは各自苦手な分野は自覚しています。同じ分野で苦手意識を持つ子たちが集まって、『今度質問していいですか?』なんて申し出があり、それでまとめて教員に質問する機会を設けることがあります。中学生については、テストの結果が思わしくなかったり心配な子がいたりすると、声をかけて個人対応をおこなっています。時には、苦手分野が同じ子たちを大きな教室に集めて補習します」

生徒の指導の話になると、先生方の口元がついほころんでくる。

ＪＧで教鞭を執った経験があるという小林裕子教務主任は「桜蔭は教員と生徒の距離が本当に近いです」と胸を張る。

「職員室に来て『ちょっと、理科の先生だったらどなたでもいいので、誰かお願いします！』なんて叫んでいる子がいますね（笑）」

そう言って笑うのは齊藤教頭。

佐々木校長は力を込めて言う。

「入学前に『桜蔭でやっていけるかなあ』と不安になる子がいるかもしれません。しかし、合格する力があるのだから、自信を持ってほしいと思います。もちろん、慢心してはいけませんが」

では、どういう子が学力不振に陥ってしまいやすいのだろうか。齊藤教頭は答えた。

「何年かにひとりいるかいないかの頻度ではありますが、中学校に入学したら遊べるぞと思い込んだ子は学ぶ意欲を失くしてしまうケースがあります」

齊藤教頭は、小学校時代とのギャップに苦しむ生徒もいると指摘する。

「小学校のときには全教科優秀な成績を取っていたが、桜蔭に入るとそうはいかなくなり、勉強面で自信を喪失してしまうこともあります」

ただし、そのようなスランプに陥る生徒は桜蔭ではごく少数だという。

最優秀層が一堂に会する桜蔭という特殊な環境だからこそ、他者を受け入れる寛容な心が大切であると齊藤教頭は考える。

「健全であれば、勉強やクラブ活動の中で居心地の良い場所を確保しつつ、たとえば、『あの子の英語力は凄いなあ』『あの子は数学ができるなあ』などと周囲を認められる心の余裕が芽生えてくると思います」

先に述べたように、桜蔭は生徒間の競争を煽るようなことは一切おこなわない。成績掲示などもない。卒業生曰く、高校生になると自分が学内で何番目かという相対的な位置がやっと分かるようになるという。

ときに、齊藤教頭の言う「何年かにひとりいるかいないか」に当てはまってしまった子をわたしは知っている。彼女は成績不振が原因で桜蔭をドロップアウトし、中学卒業後は都立高校へと進学した。今回、その彼女に取材依頼をおこない一度は承諾を得たものの、その後音信不通になり、結局会うことが叶わなかった。彼女には決して口にしたくない、思い出したくもない桜蔭時代の出来事が何かあったのだろうか。

ハイレベルな授業

校内を案内してくれる先生の歩みが突然ゆっくりになる。音を立てないように気を配っているようだ。先生が小声で囁く。

「高三の数学の授業です」

見ると、何人かの生徒たちが一心不乱に何かの数式を黒板に書き込んでいる。座っている生徒たちはこちらの存在に全く気付かない。心を決して散らすことなく、黒板に書かれた数式を皆黙々とノートに写しているのだ。殺気……という表現を思わず使いたくなるほどの凄みが感じられる空間であった。

東京大学理学部三年生の卒業生が、数学の授業の様子を説明してくれた。

「数学のレベルは相当高いです。授業が始まるまでに事前に指名された生徒たちがそれぞれに課された問題の解答過程を黒板に書きつけておくんです。で、先生が入ってくると、すぐにその解説がスタートします。ついていくのにもう必死ですよ」

東大、それも理系学部に現役合格している彼女がこう言うのである。

レベルが高いのは数学だけではない。慶應義塾大学に通う卒業生は、地理と日本史の授業が奥深くて生徒間では評判だったという。「生徒をぐいぐいと引き込む感じ」らしい。

東京大学の理系学部に通う卒業生は生物の授業のレベルが特に高いと感じたとか。

「実験はあまりおこないませんが、板書が細かくて、相当難しい内容に踏み込みます」

トップクラスの生徒ばかりが集まる桜蔭だからこそ、生徒の学びを喚起しようと知らず知らずのうちに高度な授業が完成するのかもしれない。もちろん、教員にはその分確かなバックグラウンド、知識量が必要になることは言うまでもない。

国立大学医学部の卒業生はこう語る。

「中学生のときは優しくてユニークな先生に人気が集まりました。でも、高校生になると先生への見方、その評価の尺度が一変します。つまり、授業内容で人気不人気が決まるようになるのです。中学生のときに人気のあった先生でも、授業自体に刺激がなければ生徒はやがて離れていきます。逆に、中学生の頃には疎まれていた先生であっても、その先生から確かな教養を感じることができれば、わたしたちは付いていきます」

実に桜蔭生らしいコメントではないか。これは教員の側も緊張感を強いられる。一回一回の授業に全力を尽くさねばならない。

なお、教員の男女比は圧倒的に女性教員が多く、男性教員は五名程度しかいないらしい。そして、女性教員は桜蔭ＯＧであることが多いとか。

国語の問題をつくれるレベルに

桜蔭の教員は授業の指導内容にどのような工夫を凝らしているのだろう。

佐々木校長は次のように答えた。

「桜蔭の教員は生徒たちの土台を固めることに時間をかけています。そして、彼女たちは吸収力に優れていて、さらにその上、その上を求めてきて……そういう目の前の生徒の欲しているものにこちら側が応えていく。そうした環境があるのはわたしたちにとって幸せなことです。あと、授業では生活すべてを総動員させることを大切にしています。たとえば、文化、芸術、音楽など、いろいろなものに対して感じるものがないと、国語の授業って成り立たないですよね」

●取材こぼれ話●
桜蔭生の知的好奇心はとどまるところを知らない。そして、思いついたことは実験をおこない自身の目で確かめたくなるもの。ある卒業生によると、乾燥ワカメをじっと見つめていたある生徒が、それをプールの中へ放り込んだことがあったそうだ。じっとワカメの変化を観察する生徒ではあったが、周囲は騒然としていたという。そりゃそうだ。

齊藤教頭はこう熱く語る。

「数学や化学を考えるときでもみんな日本語で考えているのだから、国語⇕社会、国語⇕理科、といった他教科とのつながりを重視して、六年間である一定レベルを全員がクリアできるように気を配っています。学年が進めば進むほど、その時々の時事的な話題と文章内容を結びつけるような授業を展開していますね。わたしは、生徒たちが教材を学ぶのではなく、教材で学んでいく……そういう姿勢が必要だと考えます。

たとえば、問題が解けるだけでは国語力が身についたことにはならない。自らの力で『問題がつくれる』レベルにまで仕上げたいと思っています。だから、高校三年生くらいになると、それなりの文章が書けるようになりますよ」

桜蔭の国語の入試問題はかなり高度なレベルを受験生に要求している。しかし、そこで合格点を獲得した生徒たちであっても、齊藤教頭からすると物足りない面があるという。

「わたしは今年、臨時で中学校一年生の国語の授業をしています。話し合いをさせて書かせる練習をしたときは、さすがにあの難しい国語の入試問題を乗り越えてきた子たちなので、同年齢の子たちと比較すると格段にレベルが高い。しかしながら、たとえば詩の読み取りでは、個々の意見は出るものの、その詩全体はなかなか理解できない。それらを体系付け、全体を俯瞰できるような枠組みを伝えてあげたりすると、そこではじめて生徒たちは『ああ、そうか』という顔をします」

小林教務主任は「どの教科もノートを取らせることを大切にしている」と言う。

先生方によると、確かな力量のある子でないとしっかりとしたノート作りはできないという。たとえば、ノートの左ページ、右ページを使い分ける際、前者には予習内容が記され、授業内で先生の話や友だちの発言を聞いて、そのメモを後者のページに書き加えていく。そして、さらに家で復習した内容をメモして完成させる……。そんなふうに自分なりのノート作成術を確立できた子は勉強面で苦労することはないらしい。

よく考え、よく書く桜蔭生

黒板をフル活用した数学の授業、桜蔭の先生方が声を揃えるノート作成の大切さ……。

桜蔭は「書く」という作業をどうやら奨励しているようだ。実際に桜蔭の入試問題はこれでもかというくらいに記述問題が数多く盛り込まれている。

小林教務主任は「入試問題で求める子はよく考える子です。反射的に解く力だけあってもいけません」と言う。齊藤教頭も首肯しつつ、「考えに考えて、自分のことば、自分なりの数式で表現できる受験生であってほしい」とメッセージを添える。

桜蔭の教員たちも書くこと、すなわち「板書」を大切にしているという。教室の前方にある黒板だけでは書き足らず、横に設置している小さな黒板を併用することもあるとか。

一方、電子黒板の活用はさほど積極的におこなっていないようだ。そもそも教員から電子黒板を使いたいという声があがらないとのこと。

佐々木校長の意見はあっさりしている。

「興味関心を抱かせたり、イメージを持ったりする上では電子黒板は有用かと思いますが、うちの生徒たちはそういう姿勢はすでに身に付いていていますしね」

色とりどりの自由研究

さて、桜蔭の中高生活の中で「書くこと」といえば、その最たるものが中三の「自由研究」だろう。原稿用紙で三十〜四十枚、手書きで論文を仕上げるのだ。以前はワープロ使用可能としていたらしいが、手書きに限定したのは安易なコピペ（コピー&ペースト）を防ぐためらしい。

自由研究の近年のテーマ一覧を見ると、なかなか面白そうで、かつ手強そうなタイトルが並んでいる。たとえば、「近代兵器の変遷とその背景」「暗号～単換字式から量子暗号まで～」「死後の世界」「空間情報科学」「犯罪者プロファイリング」「多重人格障害とは？」「潜在的左利き～転向の是非～」「癒しについて」……などなど。

中には、「イケメンとは何か」「プロ野球をクビになった男たち～プロ野球戦力外通告～」「菊はなぜ葬式の花なのか？」「太る生活　痩せる生活」なんていうものも。

齊藤教頭は自由研究の準備について説明してくれた。

「三十～四十枚以内にまとめられないテーマは無理なので、担任が何回も面接をして決めるのです。わたしたちが内容に干渉することはありませんが、たとえば、『あなたのやりたいテーマの資料はどうやって探すの？』『このテーマなら、こういうふうにして論文としてまとめていこう』というように声をかけています」

この中三の自由研究は毎年冊子にまとめられている。表紙の装丁も生徒たちが工夫をしてつくっているという。この冊子は後輩が目にしたり、保護者が見たりする。また、手書きの原本は全部並べて、全校生徒がそれらを手に取る機会を設けている。担任はそれらにひとつひとつコメントを付けて返却するらしい。

「教員も大変です。全員の自由研究を読まなければいけませんから。最終的には代表者二人を選定して、二度発表する場があります。一回は中学校二年生向け、もう一回は同学年および保護者向けですね。文系、理系とバランスをとって選出する場合が多いです」

そう話すのは佐々木校長。

齊藤教頭は惜しくも代表に選ばれなかった子たちに次のような提案を持ちかけることがあるという。

「発表するとその良さが伝わらない、しかし、素晴らしい内容の文章がありますよね。そのようなものは外でのコンテストに応募したらどう？　と勧めることがあります」

子どもたちはこの自由研究に夏休みを利用して取り組み、九月に提出する。発表するのは中三の年度末だという。いわば、桜蔭生たちの「中学校卒業論文」である。

わたしも論文の数々を読ませてもらったが、大人顔負けの文章揃いであり唸らされた。

「Ⅱ」のつく部活は体育会系

いまも昔も変わらない桜蔭生の特徴は「何事にも一生懸命で真面目な雰囲気」であると佐々木校長は断言する。

それは勉強面ばかりでなく、部活動の様子にも表れている。

桜蔭の部活動は「Ⅰ」と「Ⅱ」に分かれている。「Ⅰ」は週一回のサークル的な活動であり、和気あいあいとした雰囲気の中おこなわれる。一方、「Ⅱ」はストイックに活動をしている部が多く、運動系では他校との対外試合などを積極的に取り入れ、部内の上下関係は相当に厳しいとか。たとえば、同じバスケットボール部でも「バスⅠ」と「バスⅡ」があるが、互いの交流は全くない。

慶應義塾大学経済学部三年生の卒業生はこう振り返る。

「よく覚えているのが、中学に入学した当初、講堂で先輩たちが部活動の紹介をしたときに、バスⅡの先輩が『遊ぶつもりなら入らないでください。敬語は必ず使うように』とシビアなことを言っていましたね。いま振り返ってもダンス部やバスⅡはかなり体育会系。廊下で先輩に会ったら敬語でしっかり挨拶しないといけないようでしたし、部活の最中、

●取材こぼれ話●

桜蔭の西館にいると、風向きによっては後楽園のジェットコースターの乗客たちの悲鳴、そして、東京ドームで開催されるコンサートの音などがガンガン響いてくるという。桜蔭生の間では「あえて生徒の集中力を養うための仕組みだろう」と囁かれている。本当か!?　なお、西館の最上階は、東京スカイツリーが見えるちょっとした「癒しのスポット」らしい。

先輩の言うことには必ず『はい、お願いします』と返さなければいけませんし……」

そんな彼女は部活動を転々としたという。

「最初は卓I（卓球部I）に入っていたんですが、仲の良い友だちがいじめられかけていて……。先輩に輪ゴム飛ばされたり、『ブスブスブス』って連呼されたり、そんな中学生っぽいレベルの低いやり口だったんですけれどね。わたしも何だか嫌だなあと思って、その友だちと一緒にやめました」

そして、彼女は中三から水泳部に転部した。

水泳部は一日で一キロほど泳がねばならず、中学校一年生よりずっと塾通いを続けていた身としてはかなりつらかったらしく、一年足らずで辞めてしまったという。

高校一年生になると、彼女は友人が多く集まっている料理部（家庭科部料理班）に入った。賑やかな雰囲気の中で楽しく過ごしたとのこと。

彼女の部活動に対する数々の証言を佐々木校長が裏付ける。

「IIの付く部活動は新入生へのクラブ紹介の時点から手厳しいことを言いますね。よそのクラブは『ぜひ、うちに来てくださ〜い』なんて友好的に呼びかけているのに（笑）。IIの付く部は、先輩、後輩の礼儀作法も厳しいのですよ。そういえば、演劇部も本格的な体育会系ですね。こわいくらい（笑）。わたしがのぞきにいったりすると、『ありがとうございます！』なんて一斉に挨拶されちゃいます（笑）。桜蔭ではクラブ活動の行き来は一年に一度できますから、そこは柔軟ですよ」

佐々木校長は部活動についてこう結んだ。

「桜蔭生とはいえ、中学生のときから勉強ばかり考えている子はいないです（笑）。それこそ、クラブに熱心で、そこの先輩に憧れたりして……。うちは他校の多くと異なり、授業時間の中に週一時間組み込んでいる必修クラブもあるのです。中一から高二という幅広い層がクラブ活動を一斉におこなうので、特に中学生にとっては刺激があります」

「水泳」ではなく「プール」に力を入れる

手元に卒業生からコピーさせてもらった桜蔭の時間割表がある。「英語」「現代文」「物理」「化学」「政経」「漢文」などと並び、「プール」の記載がある。なぜ「水泳」と表記しないのだろうか。

小学生の保護者対象の説明会では、学校側は「みんな勉強ができるようにします」などとは言わず、「誰でも泳げるようにします」と公言するとか。プール開きは五月、プールが終了するのは十一月とかなりの長期間である。これは温水プールを完備しているからである。

ちなみに、桜蔭のプールは「本当の温水プール」「室内に暖房が入っている冷たいプール」の二説あるが、卒業生たちの弁を聞くと、半々に分かれたため真相は定かでない。

佐々木校長はプールに力を入れる理由を説明する。

桜蔭は西東京市のひばりが丘にグラウンドを持っているが、本校の敷地内には体育館が二つあるものの、校庭はない。だからこそ、室内で体を鍛える格好の材料としてプールを利用しているのだという。

「どの学年も体育の週三時間のうち一時間はプールを使っています。リズム水泳では、みんなが泳いで生まれた水の流れを楽しんでいます。あと、いざというときのための着衣水泳も取り入れています。中二は夏休みの五日間で『泳力別』にプールの集中特訓をおこないますね。桜蔭坂を丁度上り慣れた時期くらいですね（笑）。最初は全然泳げない、水に顔すらつけられなかった生徒であっても、バタフライまで出来るようになりますよ」

「リズム水泳」というのはシンクロに似たものらしい。卒業生によると、高校生になるとみんな綺麗なシンクロができるようになるという。

なるほど、単純に「泳ぐ」ということ以外の要素を含んだ指導がおこなわれているため、桜蔭の時間割には「水泳」でなく「プール」と表記されているのだ。

勉強もできてかわいくて

中高の二大行事といえば、「体育大会」と「文化祭」だろう。桜蔭の体育大会は五月に、文化祭は九月もしくは十月におこなわれる。

体育大会が開催されるのは桜蔭が所有する校外施設「ひばりが丘運動場」。トラック一周で二百メートル、バレーコートを六面分確保できる広さがある。この運動場には管理棟、更衣棟も建てられていて、体育の授業では学年別にこのグラウンドを活用している。

勉強中心の生活を送ってきた桜蔭生は、運動神経がない子が果たして多いのだろうか。そう尋ねると、佐々木校長は即座に否定する。

「それがそうでもないのです。桜蔭に入学してくる子たちは、いろいろなことに興味を抱くような性格の持ち主が多い。運動もでき、勉強もでき、かわいくて……なんて後輩たちが憧れるような先輩がいますよ。あと、上達の早い子が多いですね。いままで勉強面で『やって、出来た』という成功体験の豊富な子たちが多いからでしょう」

卒業生に聞くと、桜蔭の体育大会は外部の人たちの観戦は不可であり、内輪で小ぢんまりとしたイベントになるらしい。また、全学年が一堂に会して体育大会の予行演習をおこなう場は設けられていない。

「体育大会はもうぶっつけ本番ですよ（笑）。それでも毎回なぜか整然とした入場行進になるんですよね。不思議です」

卒業生のひとりはそう語る。これも礼法の授業の賜物なのだろうか。

そんな体育大会に向けて燃える生徒は多い。佐々木校長は笑いながら言う。

「体育大会が近くなると、応援団がしょっちゅう練習しています。いつからうちは男子校になったんだ、と思ってしまうくらいの野太い声が響いてきます（笑）」

文化祭に彼氏は来る？

そして、秋の文化祭。この文化祭に訪れたことをきっかけにして、桜蔭生を夢見るようになる受験生が多い。

化学部に所属していた卒業生は文化祭で取り組んだ展示物を紹介してくれた。

「文化祭の実験はいまでもよく覚えています。中学生の時は砂糖水で作る『虹色の試験管』、高一では『試験管に雪を降らせる』試みや、高二では『液体の色の変化による時計反応』をやりました」

桜蔭の文化祭の名物は「サイエンス・ストリート」。理系の部が一堂に会するのみならず、有志団体もエントリーできる場である。このサイエンス・ストリートを見学した受験生は桜蔭生の「知」の一端に触れることで、ますます尊敬と憧憬の念を抱くとか。

「開成の男子が化学実験を見学していたときに『こんなの簡単だよ』と偉そうに言っていましたが、そりゃそうです。小学生向けなのですから（笑）」

一方、文化系の部活動は、あまり受験生を意識した出し物にはしないそうだ。

家庭科部料理班に属した卒業生は、「文化祭は外向けでなく、あくまでも『自分たちが楽しむイベント』」と言い切る。彼女たちは文化祭で着るコスチュームを自分たちで手作りし、レストランを出店したらしい。

「文化祭では自分たちの作った料理を安価で販売していました。人気があったのは『桜蔭ケーキ』と呼ばれる抹茶ケーキです」

佐々木校長のコメントがこのケーキの人気を物語る。

「名物の抹茶ケーキですが、抽選で当たらないと食べられないんですよ。わたしが応募したら、料理部の顧問の教員がやってきて、『厳正なる抽選の結果、申し訳ありませんが落ちてしまいました』なんて言われました（笑）」

桜蔭の文化祭には出会いを求めてうろつく不届きな男子校生は出没しないのだろうか。文化祭は学生証さえあれば自由に入れるらしいが……。

国立大学に通う卒業生は言う。

「文化祭に男子が来るには来ますが、ほとんどが塾のつながりですね。在校生の彼氏がやってきたりすることもあるのかって？　そうですねえ、ある人が開成や筑駒（筑波大学附属駒場）あたりに彼氏がいるという噂が立ったこともありましたが、そもそも普段はそんな浮いたネタが皆無なので（笑）。だからこそ話題に上がるのでしょう。話は戻りますが、文化祭に来るのは同年代の男子よりも受験生とその親御さんが圧倒的に多いです」

桜蔭の制服はダサい？

桜蔭生に制服の話を振ると、「あの制服はねえ……」と苦笑いする子が多い。

その中にはこういう声も。

「どんなにかわいい子が着てもダサくなるので、かえって割り切れました（笑）。制服でつらいのはデザインより夏服です。夏服は布地がやや薄手である以外はさほど冬服と変わりません。とくに朝日が入る東館は本当に暑くてたまらないんですよね」

また、思春期の少女にとってかなり切ないであろうこんな話も聞いた。

「電車で友だちとファッション雑誌を読み合いながら帰宅していたとき、大学生か社会人か分からないですが、わたしたちを見て『何あの制服、ダサい』とコソコソ言っているのが聞こえてしまったんですよ（笑）。もうつらかったです！」

制服が不評であると学校側に伝えると、佐々木校長は微笑んだ。

「制服の文句はよく聞きます（笑）。が、こんな話がありました。桜蔭は災害に備えて九月に一斉の集団下校訓練をするのですが、そのとき、水道橋駅で整理にあたっていた教員が外国人の方から『とても素敵な制服』ですね、なんて声をかけられたのです。わたしか

●取材こぼれ話●
いつの時代にも無謀なことに挑戦する男子がいる。桜蔭の文化祭で、ある男子生徒が女子生徒をナンパして回ったらしい。すると、桜蔭の教員たちがその男子生徒にそっと近寄っていき、彼はどこかへ連れ去られたという。「どこへ連れていかれたのか、何をされたのかは不明です……」とは卒業生の弁。

らすると他校はなんだか似たような制服ばかりになっているように見えます。逆に桜蔭の変わらない制服は特徴的で個性があるのではないでしょうか」

桜蔭の制服は見た目の変化がなくとも、洗濯が可能になったり、発汗に対処しやすいようにしたりとその素材はより機能的なものに改良しているらしい。

佐々木校長が再び笑みを浮かべる。

「でも、卒業が近くなるとみんな変えてほしくないと言います（笑）。中学生からは変えてほしいという希望が出るのですが、高二くらいになると『変わってほしくない』という声が多くなります。生徒会の中心は高二ですから、制服変更の提案が通るわけがない（笑）」

そうなのだ。電車内で「ダサい」と陰口を叩かれてショックを受けた先の卒業生でさえこう口にする。

「卒業した身からすると、『あなたたちもそのダサい制服に耐えなさい』（笑）という気も少しありますが、それ以上に中高時代の思い出が凝縮されているのが制服なんです。だから、やはり変えてほしくはないです。在学中に制服を変更する案がOGからの反対で却下されたと聞いたことがあるのですが、いまとなってはその意味がよく分かります」

桜蔭の本館と西館の間にあるスペースに、在校生、卒業生が「すこやかさん」と呼ぶ桜蔭の制服を着た少女の像がある。一九八二年に卒業生の父親が寄贈したらしい。娘をモデルにした「すこやか」というタイトルが付けられている像なのだが、いつの間にか「すこやかさん」の愛称で呼ばれるようになった。その「すこやかさん」を眺めながら、先生方は「制服は昔から本当に変わっていませんねえ」と目を細めた。

自由の入り込む余地がない修学旅行

桜蔭の修学旅行は、中三で東北、高二で京都・奈良へ出かける。東日本大震災の起こった二〇一一年のみ中三の東北旅行は中止となり、代わりに岡山と松山を巡った。

それ以外にも、中一と高一では群馬県吾妻郡嬬恋村にある桜蔭の校外施設「浅間山荘」にて夏合宿をおこなう。この浅間山荘は部活動の合宿で使われることもしばしば。

●取材こぼれ話●

卒業生によると、桜蔭では行事があるごとにスカート丈の長さをチェックするらしい。跪いて床にスカート丈がつかないとアウトになる。チェックに引っかかることを考えて、もう一着のスカートを鞄に忍ばせる生徒もいたとか。だったら、最初からそっちを穿けばいいのに……と思うが、年頃の女子中高生はちょっとでもオシャレをしたいのだ。

卒業生のひとりは、これらの行事に参加して学校側の保守的な側面に息苦しさを感じることがあったという。聞けば、自由時間はほとんど設けられていないとか。

この点について、学校側に突っ込んでみた。

「『自由を制限』するという意識はないですね。どうせ行くからには『ここ』も『そこ』も『あそこ』も見てほしい、と欲張った結果だと思います。最低限、見てもらいたいところを生徒たちには効率よく回ってほしいと考えています」

齊藤教頭がそう言うと、小林教務主任がこう続けた。

「修学旅行はあくまでも学習の機会なのです。いろいろなものを見て学んでほしい」

なるほど、桜蔭の修学旅行は文字通り「修学のための旅行」であるということだ。

このスタンスはいまも昔も変わりません、とは佐々木校長の弁。

「修学旅行は『友だちとの思い出づくり』の場といった側面はもちろんありますよ。わたしの桜蔭時代の修学旅行はいまでも目に浮かびます。『あのときあそこで友だちと一緒にすき焼きを食べたなあ』なんて。しかし、当時から修学旅行は密度の濃い学習の場でした。生徒たちは事前にいろいろ調査して臨むのです。いま思えば、わたしは修学旅行で旅行の基本を学んだように思います」

そして、佐々木校長はこんなエピソードを明かしてくれた。

「修学旅行の準備は丹念におこないます。たとえば、文学や歴史の学習では事前の調査に力を入れたり……。東大寺に行ったときは、毎年決まった現地のガイドさんが付いてくれて、一般の人はあまり足を運ばないようなところまで連れていってくださるんですね。そのガイドさん曰く、『桜蔭生が今度来ると思ったら、その度に勉強し直す』と言っていました。これは見学の準備に余念がない生徒たちの姿勢がよく分かる話ですよね」

佐々木校長は学習の場としての修学旅行の意義を語る。

「修学旅行で窮屈に感じるところはあるかもしれませんが、将来旅行に行ったときに役立つ素地を与えられたらいいなあと思います。いや、これは旅行に限った話ではありません。大人になると主婦業に勤しみつつ仕事だってこなさなければならない。本当に忙しくなります。そういうときにスケジュールをしっかり管理して動かないと心に余裕が生まれません。そのような自己管理能力を育成する場でもあるのです」

それを聞いていた齊藤教頭が言う。

「さきほど『自由の制限』ということばが出ましたが、桜蔭の修学旅行はそもそも自由時間が入り込む余地がないほど充実しているということなのです」

予定びっしりのスケジュール

小林教務主任が浅間山荘合宿や修学旅行で使用したご自身のしおりを見せてくれた。細かな字で予定がびっしりと書かれている。

「いろいろ書かれていますが、生徒たちの中にはもっと細かく予定を書き込む子がいます。『見学旅行委員』の子がいて、スケジュールをきっちり決めるのです。わたしはいろいろなプリントを貼っているだけですが、生徒たちはこのしおりにさまざまな感想を記入して提出します。行事ごとにこういうフィールドノートは徹底して作成させます」

佐々木校長はそのことばに深くうなずいた。

「この取り組みもわたしの学生時代から変わっていません。だからでしょうか。わたしはいまでも旅行に行くたびについメモを残す癖がついていています（笑）」

桜蔭が「書く」作業を奨励していることは先述した通りだが、このような校外学習においても重視されているのだ。

小林教務主任は、この点は部活動も変わらないと言う。

生徒たちは前年に自分たちが立てた計画を必ず見直して、今年のタイムスケジュールを

ある年の修学旅行（高Ⅱ）のスケジュール

日次	月日（曜）	班	行程
1	10/22（火）		8:23 のぞみ317号（19番線） 10:36 近鉄特急（貸切） 12:30 14:10 16:20 東京＝名古屋＝室生口大野＝室生寺＝長谷寺＝多武峰 （団体専用列車） 10:03 【車中弁当】 12:18 12:50 14:50 17:00
2	10/23（水）	A C D	8:00 11:00 11:30 13:20 15:00 16:00 16:40 多武峰＝法隆寺……中宮寺＝唐招提寺＝橘寺＝飛鳥寺・入鹿の首塚＝石舞台＝ホテル 9:10 11:10 12:20 14:20 15:10 16:10 17:00
		E B	8:10 9:40 11:40 13:30 15:00 15:50 16:50 多武峰＝中宮寺……法隆寺＝唐招提寺＝石舞台＝橘寺＝飛鳥寺・入鹿の首塚＝ホテル 9:20 9:50 12:30 14:30 15:10 16:00 17:10
3	10/24（木）	C A	7:50 8:55 14:00 14:40 15:50 多武峰……談山神社＝奈良公園……若草山……春日大社＝興福寺国宝館＝御池通……京都 7:56 10:00 12:30【昼食】 14:10 14:50【写真】 17:20 17:30 ☆南大門☆東大寺ミュージアム☆戒壇院☆大仏殿☆二月堂☆三月堂　平城京跡車窓見学
		E D B	8:00 8:55 11:00 11:40 13:20 15:50 多武峰……談山神社＝興福寺国宝館＝春日大社……若草山……奈良公園＝御池通……京都 8:05 10:00【写真】 11:50【昼食】 17:20 17:30 ☆三月堂☆二月堂☆大仏殿☆戒壇院☆東大寺ミュージアム☆南大門　平城京跡車窓見学
4	10/25（金）	A 48	8:00 12:15 13:30 15:50 御池通＝彦根城＝琵琶湖大橋＝延暦寺根本中堂＝御池通……京都 9:30【昼食】 13:15 14:10 16:40 16:50
		B 49	8:10 11:45 14:30 15:30 御池通＝神護寺……高山寺＝天龍寺＝龍安寺＝御池通……京都 9:00 12:30【昼食】 14:50 16:00 16:10
		C 44	8:00 10:30 13:30 15:40 御池通＝浄瑠璃寺＝萬福寺＝醍醐寺三宝院＝御池通……京都 9:30 11:30【昼食】 13:50 16:30 16:40
		D 49	8:20 13:00 14:30 16:10 御池通＝鞍馬寺……霊宝殿……貴船神社＝上賀茂神社＝金閣寺＝御池通……京都 9:10 11:30【昼食】 13:30 14:50 16:30 16:40
		E 44	8:30 11:10 13:20 14:30 16:00 御池通＝曼殊院……詩仙堂＝南禅寺＝銀閣寺＝下鴨神社＝御池通……京都 9:00 11:30【昼食】 13:30 15:00 16:30 16:40
5	10/26（土）	F 48	8:15 12:30 13:50 御池通＝念仏寺…祇王寺…二尊院…去来の墓…落柿舎…常寂光寺…野宮神社…天龍寺…嵐山＝ 9:00 12:40【昼食】 14:40 15:26 のぞみ232号 ＝京都＝東京 17:43
		G 95	8:30 9:50 11:00 12:45 14:20 御池通＝広隆寺＝北野天満宮＝泉仙＝妙心寺＝ 9:00 10:10 11:20【昼食】 13:00 14:50
		H 45	8:15 10:10 11:55 13:30 御池通＝大原……寂光院……三千院……大原＝ 9:05 9:20 10:50 12:00【昼食】 14:30
		I 46	8:00 13:30 14:20 御池通＝銀閣寺……法然院……永観堂……金地院……南禅寺＝三十三間堂＝ 8:30 12:10【昼食】 13:50 14:40

桜蔭中学校・桜蔭高等学校『桜蔭学園創立90周年』冊子より。

熟考するらしい。出来上がったそれは旅行会社が立てるものよりずっと正確であるとか。

　中一と高一の夏におこなわれる浅間山荘合宿では、生徒たちが細かに役割分担を決めて生活するという。それは一般常識を知る場として機能すると佐々木校長は言う。

「旅館ではないので、調理以外、配膳や掃除、もうほとんど子どもたちだけの力で運営します。これも大切な勉強です。たとえば、教員から『ほら、校長先生にお茶を注いで差し上げなさい』なんて言われた子がポットからお湯をずいぶん離れた急須に落として注意されるなんてこともあります（笑）」

「桜蔭入学」＝「東大、医者への道」なのか？

　桜蔭生の進路は文系・理系でそれぞれどれくらいの割合なのだろうか。齊藤教頭曰く、桜蔭生で私立大学のみ受験する子はほとんどいないため、国立大学の合格者の内訳を見ると、その割合がだいたい分かるのではないかとのこと。

　もっとも桜蔭生の間では「文系・理系」という区分けはされず、「文系・理系・医系」と考えるらしい。卒業生の話を総合すると、その割合は丁度三分の一ずつくらいとか。そう考えると、七割近い生徒が「理系・医系」に相当することになる。雑誌『プレジデント』

（二〇一三年九月二日号）によると、日本の大学生のうち、理系（医系を含む）の学部に在籍している女子は約十二％らしい。そう考えると、やはり桜蔭は女子校の中で特異な存在感を見せている。

特定の難関大学進学にこだわっていない教育方針だが、そこは女子最難関校の桜蔭である。桜蔭入学が東大合格や医者の道を確約すると考えてしまう親は多いのだろうか。

佐々木校長は穏やかに、だが力を込めてこう言った。

「そのような保護者が増えているのかどうかはちょっと分かりませんが、確かにいらっしゃいます。でも、子どもは別人格ですから。親御さんもそのことは重々分かってはいるのでしょうけれど。賢い子たちが多い分、親の心の中の願望を敏感に察知して、親の望みどおりの道を自分が歩まないといけないと考える子がいるのかもしれません」

佐々木校長はそのような親子関係に警鐘を鳴らす。

「子ども自身、その道が自分に合っていると心から思えればいいのでしょうが、そうでないケースもあります。そんな親子間のズレが生じたとき、子どものエネルギーが減耗してしまいます。そうならないために、子どもから親に対して自分の思い、意見をはっきり言うことも必要です。わたしたちもそう導きたいと思い、指導しています。特に高校二年生から高校三年生にかけては進路に関する面談をかなり多くおこなっています」

親が娘のストーカー？

慶應義塾大学に在籍している卒業生は、いまでも尊敬しているという担任の次のような発言を強烈に覚えている。

「先生が保護者会でこんなことを言ったそうです。『親が医者だからといって、それを子に押し付けるのはやめなさい』と。あと、『お母さんにベルトで叩かれた』といって怪我をしてくる子がいたんです。虐待なのかは分かりませんが。そのときに先生が親に連絡をして『次に同じことがあったら警察に通報します』と毅然と言い放ったみたいです」

桜蔭では子ども以上に親がヒートアップしてしまうことが多いのだろうか。

傍から見ていると教育熱心が行き過ぎている親が散見されたと卒業生のひとりは語る。

「友人は母親にゴミ箱まで漁られたみたいです。ちゃんと勉強しているか、彼氏などいないか、何から何まで親が管理したかったんじゃないですかね。その親は、ゴミ箱の中から娘が男子と写っているプリクラを発見して、そのことを保護者会の場で、他の保護者たちがいる前で暴露したらしいです。信じられないですよ。子の面目など全然考えていない」

そして、彼女はこんなエピソードも打ち明けてくれた。

「わたしはある友人から『わたしには探偵が付けられているんじゃないか。本気でそう思う』と相談されたことがあります。母親が自分の行動のすべてを把握しすぎているって言うんですよ。また、別の子では、母親に包丁で脅されたケースがあります。やはり桜蔭に入る＝東大に入ってもらわなければ困る、なんて親は追い詰められてしまうんですかねえ。この点、うちは親が良い意味で無関心だったので、本当によかったです」

何でも一生懸命な子に

桜蔭生を取材していると感じさせられるのが、いろいろなものに関心を持ち、何にでも一生懸命に、かつ実直に取り組める人が多い点だ。

佐々木校長は桜蔭生のこの特質について中学校三年生を例に挙げて語ってくれた。

「音楽では学年全体で合唱をおこないます。高校に上がると、芸術は選択になりますからね。そうなると同じ学年の人たちが一緒に『ハモる』という機会は中学校いっぱいでなくなります。ですから、膨大な時間をかけて、大曲を仕上げていく。それを全員で中学校の卒業式の日に歌うのです」

高校入試がない分、家庭科や美術での中学卒業製作にも生徒たちは懸命に打ち込んでいるという。佐々木校長は誇らしげに言う。

「書道では好きなことばを書き入れたお皿を焼いたり、家庭科では刺繡とか育児のための絵本やおもちゃを手作りしたりとか……それらは新入生の保護者の方に公開しています。桜蔭にいる子たちは編み物でもなんでも『やってみよう』という気概があるし、その面白さにハマっていきますし、本当に素晴らしい作品が出来上がりますよ」

そう、桜蔭生にとって何かを学ぶことは空気を吸うように当たり前のことであり、どんな分野であろうが、自分の知らない世界をどんどん吸収しようという意欲に満ち溢れているのだ。初代校長の後閑キクノの「学べや学べ、やよ学べ」の精神がいまなお貫かれていることが分かるだろう。

佐々木校長は語る。

「みなさん優秀ですから、学力面で比べたところであまり意味がない。いままで受験の中の序列で生きてきたのだから、そこから自らを解放してほしいですね。他人との比較で勉強に取り組むのではなく、『勉強が面白いからがんばろう』『楽しいからやってみよう』という姿勢になってほしい」

そして、佐々木校長はこれから桜蔭を目指す親子にメッセージを贈ってくれた。

「小学校で経験できることはその時しかない。だから、小学生ならではの経験をたくさん積み重ねてほしい。自然の中で学ぶような場を親が用意してあげたりね。あとは、桜蔭に入ると面白い人たちにたくさん出会えます。その中で、『こんな子もあんな子もいる』というように、刺激し合える環境を楽しめるような子に来てほしい。学力的なことだけではなく、多角的に人の良さを見られる姿勢は大切です」

第2章

女子学院（JG）　日本一自由な女子校

チャイムにこめられた思い

市ケ谷駅から通称「日テレ通り」を上る。この通りの名称はここに日本テレビ本社があったことに由来する。日テレ本社が汐留に移転したあとも旧本社ビルは麴町分室として活用されている。この日テレ旧本社の裏手にＪＧこと女子学院中学校・高等学校は存在する。住所は千代田区一番町。

江戸時代、この一帯に大番組に属する旗本たちを住まわせたことから一番町の地名が生まれた。そして、明治時代に入るとこの地には多くの文化人が住んだ。国木田独歩、滝廉太郎、武者小路実篤などがその代表だ。また、津田梅子が設立した津田塾大学の前身である女子英学塾などの教育機関や英国大使館なども一番町に位置していた。

ＪＧは女子のミッションスクールとして横浜にあるフェリス女学院と並び古い歴史を持っている。

一八七〇年に、ジュリア・カロゾルス女史により、築地居留地に設立されたＡ六番女学校を起源とする。その後、複数の学校の編成、合併を経て、一八九〇年にＪＧが誕生した。

初代院長は「肥後の猛婦」と称された矢嶋楫子。女性解放運動に積極的に取り組んでいた矢嶋は、ＪＧ生の個性と自主性を尊重し、生徒による生徒のための自治を支えた。

この矢嶋の教育方針はいまのＪＧに引き継がれている。生徒を決して規則で縛りつけることのない自由な環境の中で、一学年約二百四十名、全校合わせて千五百名近い生徒たちが中高生活を謳歌している。

キャメル色をしたＪＧの校舎は敷地内に植えられた大きな樹木とのコントラストが美しい。そして、開放的な雰囲気に満ちている。それもそのはずだ。ＪＧには校門がない。

南館一階より校舎内に入る。丁度休み時間が終わったのだろうか、大きなチャイムの音が響いた。このチャイム、一般的な「キーンコーンカーンコーン」（ウェストミンスターの鐘）とは全く異なる旋律を持つ。この独特のチャイムは讃美歌三〇一番『山べにむかいて』のメロディである。

一九四九年五月、焼け落ちた校舎に茫然とした表情でやってくる生徒たちと教職員を出迎えた当時の院長・山本つちは、「ひとりのけが人も出さなかったことと、私どもの過失でもなかったことは何としても大きな御恵みでございます」と笑顔で語り、落胆する関係者を励まし、全員で『山べにむかいて』を歌ったという。

その四年前の一九四五年五月二十五日、俗にいう「山の手大空襲」によりＪＧの校舎は焼失し、宿直に当たっていた教員が殉職している。

この悲しみを乗り越え、一九四八年四月にJGの校舎が再建された。ところが、である。それから一年を迎えることなく、不慮の出火のため、敗戦後の明るい希望が詰まっていたその校舎は跡形もなく失われたのであった。

しかし、脈々と受け継がれてきたJGのスピリットがここで失われることはなかった。その後、JGは山本の信仰に導かれ、この試練のときを耐え忍び、そして復興への道を歩んでいく。

JGは〝マイナーメジャー〟

二〇一四年に刊行された垣根涼介の小説を一部引用したい。東京の下町（江東区）で生まれ育った「まりえ」が、大学時代に参加した合コンで周囲のハイソサエティな会話内容に付いていけず戸惑う場面である。

「あ、おれその子知ってるっ。小学校のときに一緒だった。たしかJGに進んだよね」

JG?

女子学院。東京で三指に入る私立の女子高だ。むろん知っている。でも一般的には、そういう呼び方をするんだ。すくなくともまりえの地元じゃあ、誰もそんな呼び方しなかった……。

（垣根涼介『迷子の王様―君たちに明日はない5―』（新潮社）より）

卒業生のひとりは苦笑する。

「そもそもＪＧって呼び名は世間的にあまり知られていないんですよね。東京でも私立中高に通っていた人でないと分からない。だから、大学でＪＧということばは使わないですね。通用しない人が多いので」

別の卒業生もＪＧの知名度の低さを愚痴ってみせる。

「ＪＧと言わず、出身校は女子学院ですって正式名称で言ったとしても、『え？　何、女子学院？』みたいな（笑）。中学受験を経験している人でないと分かってもらえません」

桜蔭は「日本一の女子進学校」であると認知されている。そして、雙葉は「日本屈指のお嬢様学校」として周知されている。

そう考えると、ＪＧは巷で共有できるようなシンプルなイメージはなかなか思い浮かばないのだろう。

自由を体現するＪＧ

もし、わたしがＪＧを一言で表すなら「日本一生徒の自主自律を重んじる女子校」とするだろう。

それでは、初代院長の矢嶋楫子以来受け継がれているＪＧの生徒たちの個性と自主性を尊重した教育の一端を紹介したい。

まずは、校則の少なさである。矢嶋は校則そのものを廃したが、現在のＪＧには校則が存在する。ただし四つだけである。

一、登下校時や校内ではバッジをつける。

二、校内では指定の上履きを履く。

三、登校後の外出は禁止する。

四、校外活動は届け出る。

「二」と「三」は至極当然のことだが、「一」と「四」については学年が上がるにつれて守られにくくなるところがあるらしい。

自身もＪＧ卒業生である風間晴子院長は振り返る。

「わたしのときも校則は少なかったですね。バッジを付けなさいというのもあまり言われなかったように思います。あと、当時はなぜかパーマ禁止だったんですね。わたしは一度呼び出されて『あなた、パーマかけているの?』と注意されました。わたしは単に天然パーマなんですが（笑）」

国語科の本多秀子教諭もJG出身である。

「わたしのときは行事があるときにバッジを付けなさいと言われていました」

また、JGは服装が自由である。一応、指定のセーラー服（JGのマークが入っている）があるものの、入学式と卒業式にしか着ないという生徒もいるし、そもそも購入しない生徒も多い。生徒たちは思い思いの服で学校生活を営んでいる。

決まった制服がないというのは不自由しないのだろうか。たとえば、「あれ、○○ちゃん、また同じ服を着ているね」などとからかわれることがありそうなものだが……。

「そもそも人の服装には無関心なので、着回しするのに抵抗なんてなかったですよ」

二十九歳になる卒業生がそう口にすると、その場にいた元同級生がこう補足する。

「『なんちゃって制服』の人たちが多かったですね。わたしはイーストボーイのリボンにハイソックスがお気に入りでした。あと、わたしたちの世代ってルーズソックス流行の晩期なんです。ですからルーズを履いている子が結構いましたよ」

制服なし、化粧をする生徒も

ＪＧは創立からいまに至るまで制服が存在していなかったわけではない。戦前にもあり、また一九六三年より指定のセーラー服の着用が義務付けられるようになった。しかし、そんなＪＧに転機がおとずれる。

一九七〇年の学園紛争の影響はＪＧにも及び、バリケード封鎖のため、二日間高校の授業が中止になったことがあった。自由を問いかける生徒たちに応える形で、大島孝一院長（当時）は「服装自由化」「三十時間カリキュラム」「二期制」の導入をおこなった。

大島の服装自由化に関する保護者向けの所信を一部紹介したい。

〈人によっては思いきって派手な服装をしてくることもあるかも知れません。そして、ある種の流行になるという心配もあります。しかし、そのような浮いた空気があるとするならば、すでに女子学院の教育に何か大きな欠点があることを示すにすぎません。そのときは、服装よりも教育のありかたそのものを反省すべきであって、またそれに耐えられなくなって服装にうき身をやつす生徒の弱さは、別に解決すべきだとおもいます〉

この服装自由化を巡っての学校側の教育スタンスを窺い知ることができる。

そういえば、ＪＧの志望理由に「私服である」ことを挙げた卒業生がいる。

「わたしは幼いときからスカートを穿くのが嫌だったんです。それを訴えたら、母に『穿かなくてもよい学校があるよ』と言われました。それがＪＧでした。他にも私服の学校はあるにはありますが、そういうところの女子は大抵スカート指定なんですよね」

学校側から禁止されていないため、生徒の中にはお化粧をして登校する子もいる。高校生ともなると、大学生と区別のつかない子が大勢いるのだ。

それでも「度が過ぎて」しまうと、学校側からやんわりと指摘されることがあるとか。

「お化粧があまり派手だなあと思うときは頭ごなしにダメというよりも『あなたの良さはそれでは出ないわよ』なんていう言い方をしますね」

本多教諭はそう言う。

●取材こぼれ話●
ガングロが流行した一九九〇年代のＯＧの話。ある生徒が屋上の庭園であられもない姿で体を陽に焼いていたところ、英語のネイティブの先生がたまたまそれを目撃してしまった。彼は片言の日本語で「見テマセン、見テマセン」とかなり動揺していたらしい。教員のほうが気の毒だ。

風間院長は、自由を体現するために学校側もずいぶん骨を折っていると語る。

「自由な校風を貫くために、教員はいろいろ配慮していると思います。わたしたちは安易に口出しをせず、プロセス重視の教育をしています。生徒を信頼する姿勢は教員側に忍耐力が備わっていなければなりません。すぐに注意したほうが楽ですから」

プロセスを重視した指導こそＪＧの教育の本質であると風間院長は言う。ＪＧが求める生徒像は、自分で考え、自ら歩んでいける人物なのだ。

ＪＧが「生徒たちを信頼」するのは責任放棄ではなく、むしろ子の成熟を辛抱強く見守る教育的なふるまいである。

信頼される生徒たちは大変である。自由には必ず自己責任が伴う。自らをしっかり律する子でなければＪＧ生は務まらないということだろう。

他人は他人、自分は自分

ＪＧの自由な校風に育まれた生徒たちが嫌うのは、付和雷同することらしい。誰かが何かを言ったところで全員が「右にならえ」となることはない。つまり、生徒一人ひとりが自分なりの判断基準でその都度行動しているということなのだ。

どういうタイプの子がＪＧに向いているのだろうか。東京農工大学農学部共同獣医学科四年生の卒業生はこう返答した。

「自分をちゃんと持てる人。たとえば、みんなが好き勝手に『わたしはこれ』って言うタイミングで、周囲に流されずに自分でちゃんと選ぶことができる人。たとえそれでひとりきりになったとしても平気な子はＪＧ向きですね。ひとりになることをつらく感じる子は楽しめない学校だと思います」

二〇〇〇年度～二〇一一年度までＪＧに勤めた田中弘志前院長はこう振り返る。

「たとえば、休み時間に『〇〇ちゃん外へ遊びに行こうよ』と誘いをかけても、『ううん、わたしはいま勉強していたいから遠慮しておくよ』――そんなやり取りをよく目にしましたね。お互いの考えを尊重しているのでしょう。子どもの社会でこのような雰囲気を作れ

●取材こぼれ話●

私服ＯＫのＪＧでは、ハロウィンや中学の卒業式で多くの人たちが仮装する。ガンダムのアムロに扮した生徒はブーツを履いていたので、ＪＧの数少ない校則の一つ「校内では上履きを履く」に抵触してしまい、学校から注意されたらしい。一方、高校の卒業式ではオシャレをする人が多い。朝から美容院に行ってセッティングして臨むとか。

るのは大変高度なことであり、場合によっては大人でも難しいことだと思うのです。そんな気風をこれからもJGは継承していってほしいです」

ある卒業生はこうしたJGの雰囲気に合わず不登校になってしまった子を知っている。

「彼女はひとりになるのが耐えられないタイプだったようです。距離感が他の人とちがうというか……。JG生って距離が近すぎるのを嫌がるんですよ。それで彼女が馴れ馴れしくしちゃったときに、『あなた、しつこいよ！』ってみんなズバッて言うんですよね。もちろん彼女に意地悪をしているわけでは決してない。JG生は何においても互いに言いたいことは遠慮せずにはっきり意見しますし、その発言を引きずることはしない。でも、それを真に受けてへこんでしまう子はJGという独特の空間に耐えられないのでしょう」

この点に苦言を呈する卒業生もいる。

「みんなその子のためを思い、ズバズバものを言うんですけど、これ以上言ったら相手が傷つくという線引きをしない。それは悪いところかなあと思いますね」

さて、JGの卒業生に取材をしていると「他人は他人、自分は自分」ということばを頻繁に聞く。しかし、そこに排他的な響きが全然しないのは何とも不思議なところだ。それは他者の判断を最大限尊重するという思いが込められているからなのだろう。

だからこそ、男女が互いに遠慮をしつつ中高生活を送ってきた共学校出身者に違和感を覚えるという声がある。

東京大学工学部建築学科三年生の卒業生は大学の人間関係についてこう言及する。

「大学に入ったら仲良くしているのはなぜか男子ばかりです。これはそもそも『男子目線を意識しない』女子校にいたからかなあと思いますね。共学出身の女子は男子を男子として意識してしまう傾向があります。わたし、大学で女子の友人はほとんどいない（笑）。中高時代、ＪＧ生たちは互いに淡泊な付き合いでも全く問題なかったけれど、大学の女子たちは何だか濃厚な関係性を求めてくるんですよね。一緒にご飯食べようよ、みたいな。継続的な関係性を求められるのはちょっと困るし、そういうのには本当に疲れます」

だから、かもしれない。逆説的ではあるが、淡白な人間関係であったはずのＪＧ生たちは卒業後もつながっていることが多い。中高時代に同じ空気を吸った者同士が互いに干渉し合うことのない適度な距離感を保ちつつ、長い付き合いを続けられるのかもしれない。

ある教育雑誌の編集長はこんなことを教えてくれた。

「弊社のフェイスブックページでＪＧのことを紹介したんですよね。そしたら、他校の紹介ページと比較すると断然にリーチ数（そのコンテンツを閲覧した人の数）が多い。もうビックリですよ」

二十九歳の卒業生は、卒業してから十年以上経ったいまでもフェイスブック上でＪＧ時代の同級生たち約百名とつながりを持っている。ＪＧは一学年約二百四十名であることを考えても、その数の多さは特筆すべきものだ。これは桜蔭、雙葉の卒業生たちにはあまり見られない現象だ。

妹が雙葉に在学しているという大学四年生の卒業生は、ＪＧを選んで本当に良かったと振り返る。

「これが『女社会』的な色の強い学校だったら耐えられなかったかも。聞いた話だと、雙葉とか白百合とかってグループ社会みたいですよね。わたしの性格上、そういうところは無理ですね。ＪＧは部活でなんとなく固まっていることがありますが、それでもグループ化はしていません。お弁当食べる時には特定の誰かと一緒なんていうこともない。大変居心地のよい環境でした」

パイオニアが誕生する教育

ＪＧの卒業生は多岐に渡る分野で活躍しているが、一癖も二癖もある人がなんだか多いような気がする。これは偏見だろうか。

文学の世界では、断筆宣言をした後に芸者置屋で女中生活を経験したことでも知られる幸田文、芥川賞作家の吉行理恵、翻訳家としてもエッセイストとしても活躍している岸本佐知子、漫画家・コラムニストでJGの思い出話にたびたび言及している辛酸なめ子などが卒業生だ。

芸能関係では、女優の吉行和子（吉行理恵の姉）、宝塚歌劇団出身の大原ますみ、タレントの木村美紀など。

アナウンサーを多く輩出しているのも特徴的なところだ。合原明子、和久田麻由子、島津有理子（以上、NHK）、膳場貴子（元NHK）、馬場典子（元日本テレビ）、徳島えりか（日本テレビ）などの卒業生が顔を揃える。また、気象予報士の國本未華も卒業生である。

その他、近世文学研究者の板坂則子、法学者の櫻井敬子をはじめ、学者も多い。

注目すべきは「初の女性○○」という肩書を持つ卒業生が複数名いることだ。

戦後初の女性弁護士である渡邉道子。女性として初めてアルプス三大北壁登攀に成功したのは、臨床医であり登山家でもある今井通子。その他、朝日新聞初の女性カメラマンである古沢めぐみ、また、日本で初めての女性航空整備士の松田実生もJG卒業生だという。その道のパイオニアが多いのは、他者に遠慮することなく自分の思うように行動することをよしとするJG独自の校風が関係しているのだろう。

しかし、この行動力はときとして彼女たちが社会と衝突する原因になる。

田中前院長は社会人になったJG卒業生たちは「出る杭」になりやすく、場合によっては「打たれる」経験が多いのではないかと言う。

「女性だけの環境に慣れていると、男性目線を気にしなくなってしまいます。あとは、優秀な子たちばかりで中高生活を営んでいた分、社会に出て人間関係にぶつかってしまうことが多々ある。社会を構成しているのは優秀で頭の切れる人たちばかりではないですからね。そういう摩擦を幾度も経験して彼女たちは『社会ってこういうものなんだ』と思えるようになるのかもしれません。もちろん、自分の意見を臆せず相手にぶつけることは大切ですよ。力を発揮していないのに『これでいいんだ』と妥協はしないでほしいし、そういう子はそもそもJGにはあまりいないはずです。自分が納得するまでとことんぶつかっていく子が多いと思います。上に立つ側としては『扱いづらいな』『邪魔だな』と思われるでしょうが（笑）。でも、それでいて愛嬌のあふれる可愛らしい子たちばかりですよ」

はっきりモノを言う

東京農工大学を経て食品メーカーに勤務する卒業生はJGで受けた教育の「成果」についてちょっと首をすくめてみせながら語ってくれた。

「入社研修の際、同期でグループディスカッションをするのですが、同期から『あなたはキツイ。ものをはっきり言いすぎる』と指摘されました。また、入社三年目の研修では外部のインストラクターから『あなたは納得したことに対しては力を発揮する人です』と言われました。言い換えれば、納得しなければ何もしないということ（笑）。そのときに上司が『そうそう』と頷いていたのを覚えています」

彼女はそんな自分をこう分析する。

「わたしは『情』より『理』を大切にします。あいまいな線引きが許せないんですよ。だから、納得できないことには割とはっきりと発言するようにしています。以前は女性の上司の言うことにそのまま言い返すこともありましたし。あと、仕事は何でも自分でやれると思っている（笑）。他人に頼られる分にはよいのですが、わたしが他人に対して何かを依頼することは、その人の時間を奪う心苦しさみたいなものをつい感じてしまうんです。

こういう性質はJGで育まれたものかもしれません」

同席していた元同級生も、JGで培われた性格は自縄自縛の事態を招くことがあると苦笑する。

「JGは部活動でも行事でも、ありとあらゆることを自分たちで運営する環境でした。だからでしょうか、わたしは自分で何でもやろうとしてしまうんです。だから、人にものを頼むことが苦手です。仕事上で追い詰められ、パニックになってはじめて他人にすがるという感じです。頼み上手の人は羨ましいし、何かズルいと思ってしまいます（笑）。上司には『君は真面目にやりすぎる』なんて言われますね」

勉強だけ頑張っているのは格好悪い

「難関の入試をくぐり抜けてきたわけですから、優秀な子が多いです。ただし、単なる秀才ではなく、『余裕のある』優秀生が揃っていたように思います。みんな、そんなに勉強はしないんですよね。でも、帳尻合わせが上手いというか……。大学受験もそんなに力を入れて勉強しなくても早慶くらいなら軽く現役合格しちゃうような、なんだかんだいって頭のいい子ばかりでしたよ」

そう語るのは信州大学医学部三年生の卒業生。

卒業生たちに聞くと、勉強だけが趣味というような子は皆無だったらしい。また、勉強をがんばっている姿を周囲に見せつけるのは格好悪いことであるというＪＧ生の共通した価値観があったとのこと。やはりＪＧには「肩肘を張らない」優秀な子が多く集まっているということだろう。

別の卒業生も「最低限の努力でその場を上手く乗り切れるような要領の良い子が多かった」と振り返る。

二十九歳の卒業生はＪＧ生の特徴をこう説明する。

「趣味がたくさんあって、それぞれ突き抜けた人がたくさんいました。オタクが多かったですよ。野球選手オタクとか、声優オタク、アニメオタク……。アニメ好きの人はロッカーに漫画本を詰め込んでいましたね。オタクとまではいかない人でも、好きなことにはとことんのめり込んでいましたね。ギャルもいましたが、クラス内ではちゃんとそれぞれ棲み分けができていて、トラブルもなかったですよ」

この卒業生とは世代が異なる早稲田大学社会科学部三年生も同じようなことを口にする。

「趣味を極めている子が多かったですね。マンガが好きな子、ジャニーズやオシャレが好きな子もいるし。みんな我が道を歩いている感じです。オタクなタイプの子が浮いているかというとそんなことはない。一見バラバラなんですけれど、行事ごとに結束します。で、行事が終わるとみんなまたバラバラに散っていく（笑）。そして、わたしがJGってすごいんだなあと思わされたのは、勉強ができる上に、スポーツもできるし、音楽も出来るし、家庭科や美術は得意だし……そんな『天が二物以上を与えている子』がJGにたくさんいたことです。これは衝撃でした」

JGの入試問題は桜蔭、雙葉と比較すると「一問一答形式」のあっさりした設問が多い。じっくり考えさせ、長い記述を要求するような問題はあまり見当たらない。受験生がどの程度幅広い知識を有しているのかを見ているのだ（それでも最近は少しずつ「書かせる」問題が増えている）。言い換えれば、膨大な知識を要領よく頭の中で整理整頓できる受験生が合格の切符を手にすることができるということだ。

JG生に要領の良い子が多いのは、入試の時点でそのような素質を持った子が選抜されていることもあるのだろう。

要領の良さが裏目に出る

しかしながら、その要領の良さが裏目に出ることもある。

既に社会人になっている三人の元同級生は、「JGに入って勉強しなくなったねえ」と笑い合う。

「わたしなんて高三になっても受験勉強に全然力が入らず。それでも、何とか大学に合格してしまったのがよくなかったのかもしれませんね」

彼女は慶應義塾大学経済学部に現役合格している。ただし、その合格がきっかけで「世の中を甘く見てしまった」といまとなっては深く自省しているらしい。

彼女の話に首肯していた元同級生は、浪人してやっと勉強に目覚めたと苦笑する。

「わたしはもともと勉強があまり好きじゃないんです。やらなければいけないっていう危機感もさほどなかったし。わたしは卒業してから勉強がんばりました（笑）。あ、そうだ。思い出したぞ。担任の先生から、『君は中学入試の時は上位の成績だったけれど、いまはなんだ』と説教されました（笑）」

その話を聞いた別の元同級生が口を挟む。

「学力でいうと、わたし小六の頃がピークだったかも（他の二名も「そうそう」と同意する）。中学の頃は試験の前日に徹夜してなんとかその場その場を乗り切っていたのですが、高校生になったときには試験前日であっても徹夜すらしなくなる（笑）。もういいやって開き直ってしまうようになったんですよねえ」

問題解決能力を培うクラブ活動

ＪＧでは校内行事の多くを生徒たちが自らの手で運営する。教員はその様子を優しい眼差しで見守っている。風間院長は感心する。

「行事は生徒主導で運営されます。たとえば、ＪＧの生徒会組織には『監査局』があり、組織としてきちっとしたものになっています。たとえば、文化祭では文化祭実行委員会が、体育祭では体育委員会が全部を取り仕切ります。よくやっているなあと思いますよ」

この点は行事だけでない。クラブ活動（ＪＧでは「〜部」ではなく、「〜班」と呼ぶ）も生徒主導でおこなわれている。

硬テ班（硬式テニス）に属していた大学生はこう証言する。

「ＪＧのクラブ活動の特徴としては『顧問に力がない』（笑）。生徒がすべて規律を作って、メニューを作って、それをコーチにお願いするんですよ。コーチに頼らず、自分たちで全部練習することだってありましたね。それこそ、合宿での練習や試合のスケジュール、荷物の手配、寮生活での係の仕事などはおもに生徒が決めていきます。顧問の先生は部活にあまり顔を出さず、『何か問題があったら連絡がいく人』という位置付けです。硬式テニスは結構厳しい感じで、『だらりとした空気』をつくらないには何がよいのか、幹部学年（高二）のときは週三回のミーティングを延々としていましたね」

彼女にとっては生徒主導のクラブ活動が当たり前だったため、試合の相手となる他校のクラブ活動の様子に違和感を抱いたことがあるという。

「東洋英和女学院、恵泉女学園とは毎年『三校交流試合』を伝統的におこなっていましたね。その二校の顧問の先生はかなり熱が入っていて、生徒を厳しく指導しているんですよね。それを目の当たりにして『え、何!?』って啞然としました（笑）。うちの顧問なんて試合が始まる前にちょっと挨拶に出てくる程度。すぐに職員室へそそくさと帰っちゃいますし（笑）。でも、JGはお互いに自らを律するような雰囲気があったため、試合の準備や片付けとかは他校に比べ一番きびきびしていましたね。あと東洋英和はテニスの腕前別にペアを組んでいたのは新鮮でした。うちは上下関係がはっきりしていることが影響していて、ほとんど学年でペアを組んでいましたから。だからかな、JGは三校交流戦では基本的にいつも最下位でした（笑）」（注・この三校の交流試合は現在はおこなわれていな

い）

生徒主体の運営は体育会系の班だけではない。演劇班に所属していた卒業生は語る。

「顧問の先生はいるにはいますが、『名ばかり顧問』で、基本ノータッチです。だから、何から何まで自分たちで考えなければいけない。そこから、自ら問題を解決する能力を培ったのだと思います」

ＪＧの「班」は数的に決して多くはない。が、文化系ではユニークな班も存在する。たとえば、「マンギ班（マンドリンギター）」「落語研究班」「童話研究班」など。また、ミッション校らしく、「ＹＷＣＡ（キリスト教女子青年会）班」や「聖歌隊」もある。

ＪＧ生は先輩に恋をする？

クラブ活動の運営が生徒の手に委ねられているということは、換言すれば、秩序のある内部組織を構築しなければならないということだ。先ほど紹介した班活動を説明する卒業生のことばでも先輩後輩の上下関係の厳しさに触れられていた。

お茶の水女子大学を現在休学している卒業生は、「いま思い返すと、ＪＧの上下関係の厳しさって何だったんだろう」と首をかしげる。そしてこう続けた。

「大学の好きな先輩とは『一緒にカフェに行きたい』って感じで距離が近いような気がしますが、ＪＧ時代の先輩は『近くでは先輩が眩しくて見られません』（笑）という思いを抱いていましたね」

　ある卒業生はその厳しさゆえに体調を崩すことさえあったらしい。

「先輩後輩の関係はものすごく厳しかったですよ。もうこわくて……。部活前はお腹痛くて気持ち悪い、みたいな（笑）。ある意味、古風な雰囲気でしたね。無駄に厳しくて（笑）。中二と中三が中一を指導するんですね。だから、自分が中三になったときには後輩にやっぱり厳しくなりました（笑）」

　その独特の雰囲気に引いてしまう子もいる。

「最初はバスケか硬式テニスがいいかなあと思っていたのですが、中学入学直後のバスケと硬テの勧誘にドン引きしてしまい（笑）。結局、入部するのをやめました。昼休みにお弁当食べているときに先輩たちが登場して、いきなり『箸置いて』なんて言われて、とにかくこわかった。うちの代はそのせいでバスケ班に最初入部したのはたったの一名（笑）。二百三十二人もいたのに。だから、その勧誘していた中三の先輩たちは高校生にかなり叱られたみたいです（笑）。運動部だからある程度の覚悟を持ってきてほしいという意図は分かるんですけどね」

JGでは先輩と後輩の「線引き」がはっきりとしている。だから、なのだろう。JG生の多くは「先輩に恋をした」という経験を持っている。そういえば、JGの卒業生たちが異口同音に「中高時代は性別が〝消滅〟していた」と語っていた。ここは実に興味深いところだ。

管弦楽班に属していた卒業生は振り返る。

「管弦楽班に入るとき、希望の楽器を三つ書かなければいけなかったんですね。見学の際に出会ったチェロの先輩が格好良すぎて『チェロ』って書いたら、その夢が叶ったんです。で、その先輩が引退するときにご飯をみんなで作って持ち寄ったんですよ。そしたら、帰り際にその先輩から『あなたが作った料理美味しかったよ』って言われて、ただただ嬉しくて泣き崩れました（笑）」

彼女は「恋愛感情」に近い感覚をそのとき確かに持っていたという。

硬式テニス班出身の卒業生も言う。

「硬テ班にはプレーヤー兼マネージャーみたいな人がいて、わたしはその人に憧れていました。わたしがつまずいたときに走ってきてくれて怪我を治療してくれて……そのときに胸がキュンとなりました（笑）」

男性教員いじめ

桜蔭同様にJGの教員は男性がかなり少数である。生徒たちからキャーキャー言われるような人気のある男性教員はいなかったのだろうか。

「聖書科のU先生は人気がありましたよ。でもそれは生徒にどんな絡み方をされても飄々としている性格的に若い『おじさん』だから人気があったということで、男性として意識していたわけではないですね」

卒業生曰く、若い男性教員もいたが、生徒たちから疎まれることが多かったらしい。

その男性教員の授業の様子を聞いてみた。教える身としてJGはなかなか恐ろしい授業空間である……。

「JG生はみんな強いので酷かったですよ（笑）。その若い男の先生が授業で『起立』と号令かけても誰ひとり立たなかったり……。で、先生が怒るとみんな大爆笑みたいな（笑）。その先生だって原因があるんですよね。生徒にされたことに対してすぐにムキになるんですから。それでまた生徒が小馬鹿にするという悪循環があって。それで三年間終わってしまった気がします（笑）。わたしは一番前に座っていい子にしていたんですけどね（笑）」

体育会気質の上下関係

長幼の序がすっかり血肉化したＪＧ生。そんな彼女たちは卒業後の人間関係に戸惑いを覚えることがあるという。

「わたし、大学時代の先輩からは『メールが堅い』って思われていたらしいんですよね。だって、ＪＧの先輩にメールするときはとてもじゃないけれど顔文字を使用できる感じではなかったんですよ。付けて『！』くらい。で、大学の先輩から顔文字のいっぱいついたメールが来て、それならと思って顔文字を付けて返したら、すごい喜んでくれて」

こう語るのは横浜国立大学経営学部三年生の卒業生。

他の卒業生も次のようなことを口にした。

「大学のサークルはＪＧと真逆で上下関係が全くない。それこそ、先輩にもタメ口をきく感じなので、最初はどうふるまえばいいのかが分からず戸惑いました」

体育会気質ともいえる上下関係は、ＪＧ生の心の内にも多大な影響を及ぼしているように感じるのだ。

卒業生のひとりはこんな例を挙げた。

「たとえば、公共の迷惑……電車の中で騒ぐとか、禁止されたことを破る……とか。中高生ってみんな若いので、周りを考えずにワーッと騒ぐことがありますよね。そうすると、JGの子たちの中には必ずそういう子をたしなめる人がいるんですよね」

彼女はJG生の特徴として「自分を主張する」というより「自分を曲げない」子が多かったのではないかと述懐する。そして、こんなエピソードを教えてくれた。

「これはJG出身の子たちがよく言っていることなんですが、大学生になると集合時刻にルーズな人と出会うようになるんですよ。それが気になるって言いますね。JGの子たちは基本的に集合時刻に遅れない。たとえ遅れそうになったとしても、ちゃんと事前に連絡が入る……そういう礼儀が身についている人ばかりでしたから」

マグノリア祭は文化系班の見せどころ

「わたしが小学生のときJGのマグノリア祭に行きました。何に魅かれたのか思い出せないんですが、そのとき『電気が走った』というか、あ、わたしこの学校に行かなければって思ったんです」

JGを志望した理由として断トツに多いのがこの「マグノリア祭」である。例年十月、日曜日を挟んだ土曜日と月曜日（祝日）の二日間開催される。JG生の勢い、そして学校の楽しさが体感できる文化祭である。もっともJG生は外部公開するマグノリア祭であっても「外向けの顔」にはならない。

時として在校生たちのその勢いが逆効果になり、「マグノリア祭」をきっかけにJGを敬遠する受験生もいる。

東京大学文学部四年生の雙葉卒業生は、JGの受験を考えた時期もあったが、マグノリア祭を見学した折にその独特の雰囲気に圧倒されてしまったという。

「在校生の方々の活発さ、元気さに小学生のわたしは何だか気後れしてしまいました」

そう振り返る。その彼女のJGの印象は「とにかくカラフルな感じ」らしい。

「マグノリア祭は誰向けかと問われれば……うーん、自分たちですかね。自己満足に近いものがある。先生たちはあまり手伝わない……っていうか、全体的にそもそも手伝ってもらおうとは思っていなかったですよ。自分たちで出し物を企画するところからやります」

こう振り返るのは麻布大学獣医学部一年生の卒業生。

文化系の班活動のメインはこのマグノリア祭での出し物である。「自己満足」という話ではあったが、このマグノリア祭での受賞を目指し、敢えて「外向け」の出し物をする班もある。たとえば、演劇班。

「マグノリア祭には『マグノリア賞』というのがあって、それを獲得するのが目標でした。これはマグノリア祭に来訪した人たちの投票で決まるんですよね。もちろん、大人数の班のほうが有利なのは否めませんが。だから、わたしたち演劇班は自分たちのために演ずるというより、観客を意識した脚本を選んで演じていましたね」

運動系の班もマグノリア祭に参加することがある。他校を呼んで交流戦をおこなったり、運動系の班同士でタッグを組んで駄菓子屋などを出店したりすることがあるらしい。

また、班活動は関係なく、友人同士でグループを結成して臨む人もいる。

「わたしは有志で団体を作って展示に参加しました。テーマは『サッカーの研究』。実際にJリーグの各チームへ取材の申し入れをして、ジュビロ磐田の選手に直接話を聞けました。ユニフォームなどを調達して充実した展示になりました」

二十九歳になる卒業生はこう誇らしげに語ってくれた。

顧問の先生を論破する

このマグノリア祭の成功を陰で支えているのは「文実」こと「文化祭実行委員会」だ。この文実の内部もかなりの体育会系だとか。

文実に所属していた大学生はこう説明する。

「文実は自分がやるべきことをしっかり分かっていて、かつ効率的に動ける人たちが本当に多かったです。責任感のある人たちが多く、歯に衣着せずに討論することもしばしばでした。きついことを言われてショックを受けてしまい、いまだに引きずっている子がいるくらいです（笑）。文実は幹部学年（高二）が猛烈に忙しい。顧問の先生は直接タッチしません。自分たちでマグノリア祭運営の細かな素案を作り、それを先生に見せて、それでアドバイスされて作り直す……その繰り返し。でも、わたしたちのほうがちゃんと考えているというプライドはありましたから、顧問の先生と衝突することもありましたね。先生たちをどう論破するか、それをみんなで練るなんてこともありましたよ」

彼女によれば、文実はそれぞれの役割分担がはっきりしているとのこと。

「夏休みはマグノリア祭に向けての装飾づくりをしました。マグノリア祭当日は各部門に分かれて……わたしは食堂部門だったのですが……食事に来る人の統制だとか、そんなことをやっていましたね。部門は、プロポス（プログラム・ポスター）、展示、後夜祭、催し物などに分かれます」

文化系の多くの班が目標にしている「マグノリア賞」の発表時とその授賞式は生徒たちが一番盛り上がるタイミングだという。

「マグ賞の投票方法についても文実が決めるんです。内部票をカウントするかどうか、保護者票をカウントするかどうか……。それらを入れると大人数のところが有利になるに決まっているじゃないですか。それって果たして公平性があるんだろうか、最善の方法にはどうすれば行き着けるのか。それでまた顧問の先生とぶつかる……そんな繰り返しです」

そんな文実のスタッフが思わず感慨に耽ってしまうのが「後夜祭」。

「後夜祭ではラストにＰＶが流れるんですよ。そこにはこれまでの各班の活動風景や班長

●取材こぼれ話●

雙葉とＪＧは文化祭が同日に重なるが、ＪＧに男子はほとんど来ないという。ただし、駿台模試で全国第一位になったＪＧ生を訪ねて、開成の男子生徒が突如現れたことがある。彼女の居場所をたずねる男子生徒にＪＧ生たちがその真意を問い質すと、「勉強法を教えてもらいたくて……」。結局、「そんなの自分で考えろよ！」と数名のＪＧ生たちに冷たく追い返されたらしい。かわいそうに。

からのメッセージなどが入っています。高二のとき、その映像を見ながら文実のみんなで大号泣（笑）。フジファブリックの『若者のすべて』という曲に合わせたPVでした」

ここで歌詞は記載しないが、フジファブリックの『若者のすべて』は青春を描くちょっと切なくなる素敵な曲である。JG生にとってマグノリア祭の華々しさとそれが終わっていく余韻が歌詞の中に登場する「最後の花火」に暗示されているのだろう。

燃えに燃える学年対抗の体育祭

取材をしていると、もう何年も前の出来事であるにもかかわらず、表情をくるくると変えながら、あのとき勝っただの負けただのと体育祭の思い出を熱く語る卒業生が多い。とても不思議であり面白いところでもある。

卒業生のひとりは体育祭の位置付けをこんなふうに説明してくれた。

「体育祭は学年対抗ということもあって本当に盛り上がりますよ。普段はバラバラな人たちが一気にまとまるのです。わたしのような運動系の部活動に入っている身としてマグノリア祭は思い出があまりないですし。学年が一つになれる機会が体育祭ですよね。応援も一致団結して楽しみましたね」

ＪＧの体育祭は桜蔭とは異なり「ぶっつけ本番」などではない。それどころか、その様子を聞くところによればかなり用意周到だといえる。

外部公開するマグノリア祭とはちがい「体育祭実行委員」などは存在しないだろうと予想していたが、実は存在するのである。しかも、非公式で。

その非公式な組織に加わったという卒業生はこんな話をしてくれた。

「『体育祭対策委員会』はその学年の中で自主的につくられる『秘密組織』です（笑）。体育祭で勝つための方策を練ろう、ということをおこないます。ＪＧの体育祭には独特の競技があるんですね。たとえば『背水之陣』。みんな馬型に四つん這いになって一列に並び、その背中の道を選手が裸足で駆けて速さを競うものです。踏まれた人はすぐに次の道を作るために走るんですよ。対策委員では、そういう競技の人員を決めるための選抜試験をして、誰を走らせるとか……。また、誰がどの競技に出ると好成績になるかなどを考えて決めていましたね」

ちなみに、この秘密組織は世代によって名称が変わるらしい。二十九歳の卒業生がＪＧに在学していたころの名称は「体育祭このままで委員会」だったとか。

そんな組織に対して身構えた人もいる。

「非公式の体育祭対策委員会が各種目の具体的な取り組み方をどんどん提案して、それを生徒たちに実行させるんです。わたしはなんだか押しつけられている気がしたな。正直、当初は対策委員会のことを受け入れられませんでした。でも、高二、高三になると、『お願いします。ついていきます』（笑）。そんな気持ちに変わっていくのが不思議でした」

ある卒業生は体育祭の練習風景を思い出す。

「体育祭の種目でわたしがよく覚えているのは『渚のカウボーイ』。騎馬戦の格好をして、上の人が浮き輪を持って、途中でその浮き輪を棒にかけて走る、なんてものがあるんですね。あとは『背水之陣』。事前練習の際に『他の種目も体験してみよう』ということで実際にやってみたんですよね。そしたら、四つん這いになっているわたしたちを容赦なくつぶすくらいの勢いで上を駆け抜けていくんです（笑）」

「背水之陣」「渚のカウボーイ」をはじめ、JGの体育祭種目にはなかなかユニークな名称が付けられていた。かつ、その内容があまり想像できないプログラムも多い。たとえば、「インディアンリレー」「ハングリーダッシュ」「波乗りパイレーツ」「一休さん」など（注・これらの種目の中には現在おこなわれていないものもある）。

風間院長は彼女たちの体育祭への入れ込みように圧倒される。

「ある年のことですが、体育祭の本番三日前くらいに生徒がわたしのところへやってきてこう言うのです。『お願いがあります。体育祭当日は学年色（合計六色）が均等に入っている服を着るか、六色全然入っていない服を着てください』って（笑）。六色均等に入っている服なんてそもそも存在するはずがない（笑）。考えた挙句、わたしは体育祭当日には上下こげ茶色の服を着て、六色のリボンで作ったイヤリングをしました。さらに、開会の辞で、六色それぞれから連想するものを均等な数になるよう盛り込んだスピーチをしてほしいと言われました。青が三回で赤が一回なんて決して許されない。これは生徒から投げかけられた『知の挑戦』だなと感じました（笑）」

JG卒業生はそれぞれの代をいまでも色で指し示すことが多い。たとえば、〇五（二〇〇五年度）の入学生は「白」、〇六は「赤」、〇七は「緑」、〇八は「黄」、〇九は「ピンク」、一〇は「青」といったように、六年間特定の色とともに学校生活を送る。体育祭の様子を遠くから眺めると、応援席のその色合いで同級生がどこにいるのかがすぐに分かるという。

二〇〇五年度入学の「白」の卒業生は、これらの学年色に触れながら体育祭の出来事を楽しげに語る。

「わたしたちが高三で一つ下の赤（高二）に負けたとき、赤の子たちは白（高三）に気を遣って、優勝を喜ばなかったんですよねえ。でも、次の年、高三になった赤が緑色（高二）に負けたとき、緑が大喜びして赤がぷんぷん怒っていたっていう話は聞きましたよ（笑）。わたしたちの一つ上（青）が高二のとき高三に勝ったんですよね。そのとき、青がやはり高三に気を遣っていた姿を赤は見ていたんですよね」

そのときの「赤」の卒業生にこの話を振ると、当時を思い出してちょっと怒ったような表情をみせる。

「わたしたち赤は高二で優勝して、高三のときは緑（高二）に負けたんですよ。高二のときは、『みんな、先輩の前で歓声をあげないようにしよう』って話をして、優勝が発表されても控え目に拍手をしたくらいでしたね。先輩の前で思いっきり喜ぶのは失礼だって。で、わたしたちが高三で高二に負けたとき……そのときの高二がめっちゃ喜んでいて、『なんだよ！』みたいな（笑）」

今度はこの「緑」世代の卒業生に尋ねてみた。高二のときの体育祭のあなたたちの態度が無礼極まりないと高三からずいぶん顰蹙を買ったようだが、と。

「ああ、覚えています。あれはよくなかったですね（笑）。ちなみに高三のときも勝ちましたよ（笑）。二連覇するのが目標だったので嬉しかったですね」

そう屈託なく笑うのだった。

風間院長は体育祭を自ら運営する生徒たちにたのもしさを感じている。

「わたしがJGに着任した年の体育祭では、お昼休みに土砂降りの雨になったのです。わたしは『このままでは中止かなあ』と半ばあきらめかけていたのです。が、生徒たちが学校中から新聞紙や雑巾を集めてきて校庭の雨水を拭きとったり、校庭の滑りやすさを考慮して午後のプログラムの順番を入れ替えたりして、体育祭を続行したのです。これらをすべて生徒主導でおこなっていたのは凄いことです」

とにかく考え悩ませるJGの授業

JG合格にはとても手が届かないだろうと思われた学力の子どもが、かつて逆転合格を果たしたことがある。わたしが指導していたその彼女は、JGに入学してから周囲の学力レベルに圧倒され、肩身の狭い思いをしたのだろうか。

「いや、そんなことはなかったです。自分でもJGの中では学力的に底辺だという自覚がありましたし。勉強で周りを凌駕することなど無理に決まっているので、無駄にあがくようなことは端からしませんでした（笑）。それに、JGでは成績掲示があるわけでもないし、あまり周囲との学力差は感じられなかったです。そうそう、中一の時に数学のテストで七十九点を取って『凄い、わたしできているじゃん！』って密かに喜んでいたら、平均が九十点近くと発表され、かなりヘコみました（笑）」

彼女はこう続ける。

「わたしは勉強面でさっぱりだった……はずなのですが、高校生から塾へ通い始めると上位レベルの成績が取れていたのです。JGでは最下層に属していたとしても、全体の中ではかなり上の位置にいられるのだなあと妙に感心しました。JG生の高いレベルに揉まれているうちに、自分の学力が気づかぬまま押し上げられたのかもしれません」

そんな彼女は現役で早稲田大学に合格している。

女子御三家の一角、ハイレベルな生徒が集うJGでは、やはり授業のレベルは相当高いのだろうか。卒業生にその点を問うと、「文系はレベルが高い」という声が多かった。

慶應義塾大学経済学部に現役合格した卒業生は言う。

「JGの授業だけで私大の文系ならどこでも行けるのではないでしょうか。世界史の授業なんてかなり細かい知識を扱っていたのを覚えています。一方、理系は塾なしだと厳しいと思います」

東京農工大学農学部四年生の卒業生はやはり同じようなことを口にする。

「ＪＧの社会と英語はとてもハードだと思います。英語は高二まで文理を区分することなくガッツリとやりますし、英文法もリーディングもオリジナルテキストがありました。とてもレベルが高くて使いやすかったですよ。社会はマニア級の先生が多かったですし、質問をすると丁寧に答えてくれる。でも、理系の大学受験はＪＧの授業だけでは正直きつい。なぜなら、理系科目は進度が壊滅的に遅いからです。たとえば、数学は高三の前期で全範囲が終わる。そして、文化祭が終わった時期からやっと演習に入る。大学入試までに三ヶ月くらいしか演習期間がないんですよ」

信州大学医学部三年生の卒業生は同意する。

「うーん……ＪＧの理系科目の先生たちは面倒見が悪いですよ（笑）。理系の大学受験対策はＪＧオンリーではまず無理でしょう。実際、高三の授業中にみんな『内職』をしていましたしね。でも、私大の文系ならＪＧの授業だけで確かに問題ないかもしれませんね」

ただし、彼女たちの授業評価はあくまでも「大学受験対策」という尺度で語っているに過ぎない。文系科目、理系科目ともに「受験には関係はなかったけれど」と前置きをしつつ、「奥深い」と表現する卒業生たちが多かったのだ。

生徒を子供扱いしない

それでは、学校側の授業スタンスはどういうものなのだろうか。

長年、生命科学者として大学に勤めてきた風間院長のことばにそのヒントが隠されている。

「わたしがある国立大学で教えていたときのことです。学生たちにじっくりと考えてほしいと思い、問いかけ重視の指導をしていたのです。すると、ある学生に『考えるのは面倒だから、早く答えを教えてほしい』と懇請されて愕然としたのです。まあ、そんな学生であっても最終的には『考えるのが楽しい』と変わってくれたのですが……。ただ、効率よく知識を詰め込めばそれでよいと安易に考えてしまう人は存外に多くいるのかもしれません」

そして、風間院長はこう言い添えた。

「悩んだり考えたりすることによって自分自身を成長させることができます。悩まない人生などありませんよね。その悩みを乗り越えていく、自分で道を切り拓いていくという姿勢をわたしたちは生徒たちに求めたいと考えています。たとえば、日本人は一つだけ存在する答えを導き出すのは得意だけれども、答えが幾つも存在するような問題には滅法弱いというデータが実際にあります。生徒たちは大いに悩んでほしいと思っています」

本多教諭はJGの国語授業では積極的に発言させることを重要視しているという。

「子どもたちの読書量が年々減ってきているような気がします。読ませることで多くのことばに接触させ、それに対して反応する。それを生徒同士で議論させる場を授業で多く設けています。これは授業だけではありません。たとえば、任意の参加ですが、春の修養会では中一から高三まで全学年が混じって議論する場があります」

中二と高三の夏に御殿場にある寮で二泊三日の合宿形式で学校行事としておこなわれる修養会では、毎回テーマがあり、三日間議論漬けとなるらしい。この経験を通じ、相手を尊重しつつ自分の意見をしっかりと伝える術《すべ》が身につくという。

そう、教員たちは生徒たちを子ども扱いせず、個の確立を温かな目で見守るのである。

JGでは「話す」能力の向上だけに特化した指導をしているわけではない。「書く」作業を重視した教育にも力を入れている。

風間院長は言う。

「わたしたちはことあるごとに『書かせる』ことをします。講演があればその感想を、修養会があればその感想を、修学旅行や創立記念日のあとにも……というように。ことばで表現させることは自分自身の『知』を明確に意識する、そういうプロセスを大切にする行為です。中三では戦争体験の聞き書きがあります。戦争を知る人が少なくなってきましたから同窓会の皆様の力をお借りしています」

ＪＧでは大学入試を第一に考えた指導はしていない。他校のように早期から文系、理系のクラス分けをすることはない（高三の一年間のみ）。リベラルアーツを重視し、幅広い学習を生徒たちに取り組んでもらいたいと願っているという。

風間院長はＪＧの教育の本質について次のように語ってくれた。

「ＪＧの教育は、創立当初から一貫してキリスト教精神を土台として、知的水準の高い教育を目指しつつ、豊かな人間性を育てることに力を注いできました。決して大学進学のためや『キャリア教育』の一環としての学びの場ではありません。ＪＧでの六年間は、自律した責任ある人格として自らの価値観を形成する上でも重要な時期です。ＪＧで実践している『リベラルアーツ教育』は単に幅広く学ぶことに留まりません。世界は大きく変動しています。生徒一人ひとりが与えられた賜物を生かすべく、知性を豊かに育むことはもちろんのこと、自らを不自由さから解放する術を培い、いかなる未来が到来しようとも、希望を失わずに生き抜く力を養い、他者に仕える人として育って欲しいと願っています」

親の過干渉がＪＧの良さを消す

Ｊ Ｇの卒業生たちに取材をおこなっていると、「これからのＪＧが大きく変わってしまうのではないか」「ＪＧの良さが徐々に失われているのではないだろうか」という不安を口にする人が実に多い。これは学校サイドに対するものではない。在校生保護者の変容ぶりに対しての声である。

管弦楽班に所属していた卒業生は言う。

「わたしの所属していた班では、後輩の母親が生徒主体で運営していたはずのクラブ活動に口を出す、なんてことがありましたね」

●取材こぼれ話●

ＪＧ生たちの間でこんな噂話が流れていた。なんでも、雙葉で掃除をさぼっている子がいると、修道女から「あなた、さぼっているとＪＧの子たちみたいになりますよ」と注意されるらしい。「他人は他人。自分は自分」と考えるＪＧ生ではあるが、雙葉生の存在がちょっと気になる？

ＪＧを最近卒業した人ほど同種の心配事を口にする傾向がある。

別の卒業生も次のようなエピソードを挙げた。

「管弦楽班とかマンドリンギター班とかの話なんですけど、コーチに厳しく指導された際に、『なんでウチの子にそんなキツイことを言うんだ』と詰め寄った親がいたなんて話を聞きましたね」

他にもこんな話がある。

「体育祭の練習で放課後まで残ったことがありました。そのときに、『なんでそんな遅くまでうちの子を残すんだ』とクレームが入ったんです。そういう親御さんの子って一人っ子が多かったように思います。『○○ちゃんのお母さんってヤバい』という話はけっこう伝わってきましたね。その当人は自分の母親が学内からよく言われていないのを知っているから、母親を完全に拒絶していました」

そう語るのは卒業して二年しか経っていない大学生の卒業生。

わたしは思い切って学校側にこの点を尋ねてみた。

本多教諭は言う。

「確かに先廻りをして言ってくる保護者の方もいらっしゃいます。中高生活は六年あるのですから、保護者の皆さんもＪＧの教育に寄り添ってほしいと思っています。こちらからは、見守ってくださいとお伝えしていますし、保護者の方もそれにこたえようとしてくださっていますね」

そしてこう付け加えた。

「いまの親は『子どもをどうして悩ませてしまうんだ』と心配される方が多いですよね。そうでなく、親は子と一緒に悩み、じっくり考える姿勢を持ってほしいと望んでいます」

田中前院長は十二年間の在任期間の中で、ＪＧの保護者の変化を感じ取っていた。

「子に対して過干渉の親がとにかく増えてきた。一人っ子が増えたこと、便利な電化製品がたくさんあることで、時間に余裕が生まれたのかもしれない。子どもは親に気を遣ってしまうもの。親が子どもに夢を託して、それに応えたいと考えてしまう子がいます。『わたしはわたし。お母さんはお母さん』と割り切れない子が実に多い。親に遠慮しているんですよね。普段はズケズケ物言うＪＧ生なのに（笑）。高い学費を出してもらっている後ろめたさがあるのかもしれません。結構健気なんです」

風間院長はこう語る。

「他の男子校の校長と話す機会がありましたが、『一番苦労しているのは保護者対策だ』

って言っていましたね。そういう時代になったのかもしれません」

確かに「そういう時代」なのかもしれないが、このような親を持つ子はJGの真骨頂を味わうことのないまま卒業してしまうだろう。

初代院長の矢嶋楫子は「生徒たちを信頼します」ということばを胸にJGの自主自律を重んじる校風の礎を築いた。

「子どもを信頼します」

この姿勢こそ子を成熟させるために必要不可欠な親の態度である。

もちろん、親がやみくもに子を信頼するのは危険である。JGで与えられた自由を履き違え、子が横道に逸れていったときには、「温かな目で」子を信じず、その軌道修正のために親が骨折りすることを厭わしく感じてはならない。

ある卒業生はJGをドロップアウトした生徒について語ってくれた。自らを律することができずに堕ちていった典型的な例であろう。

「学外のスポーツ活動に力を入れていた彼女は、その課外活動で挫折を味わってしまい、あらゆることに対して無気力になってしまったんです。で、しばらくしたらコスプレをしてニコニコ動画に出ていましたね。男性ウケを狙って……みたいな。その活動にどんどんのめりこんでいって、学校に来ない頻度が高くなってしまいました。結局彼女は高一のときにJGを辞めてしまったんです」

バラエティ豊かな進路

JG生の進路状況を見ると、国立大学や早稲田大学、慶應義塾大学などの難関大学に数多くの合格者、進学者を輩出している。しかしその一方で、バラエティに富んだ学校名が並んでいる。たとえば、東京芸術大学や私立の美術大学には毎年コンスタントに複数の進学者がいるし、年によっては看護系の大学や音楽大学への進学を決める子がいる。中学入試ではJGより下のランクに位置する某女子進学校のほうが特定の難関大学の進学率が高い。

「早慶レベルなら余裕で合格を狙えたのではないか、そんなふうに思える子でも、『やりたいこと』優先で偏差値レベルなど無視して進学先を決めていますね」

ある卒業生はこう説明する。

先述したJGの教育方針からも分かるように、JGは、生徒がじっくり考え、思い悩み、自分自身に問い続ける、そんな姿勢で学校生活を送ってほしいと期待しているのである。

JGがトップレベルの進学校にありがちな画一的な進路状況とならないのはむしろ必然のことであろう。

風間院長は嬉しそうに話した。

「最近は大学合格実績だけで学校を選ぶのではなく、校風に魅かれたから……という理由でJGを選んでくださる方が多くなりました」

だからこそ、JG生は世間の尺度に振り回されず、「自分は何をしたいのか」を熟考できる芯の強さを持つようになるのだろう。そして、JG生は社会に出て様々な分野で輝く人材になっていくのである。

卒業生のひとりは言う。

「JG卒業生は積極的に自分がやりたいことに取り組む人が多い。大学に入ってからマイナーな国へ海外旅行に出てみたり、留学してみたり……それも友だちと一緒ではなく、ひとりきりでやってみせる子の多いのが特徴的です」

これからの社会で女性が活躍するには

学校側は何が真の「女性活躍」とみているのだろうか。

田中前院長は在任中のエピソードを話してくれた。

「政治家たちが掲げる『女性活躍推進』ですが、彼ら彼女たちは自分たちが目立つ存在だから、女性の活躍＝社会で華々しく活動すること、と思ってしまうのでしょう。でも、そうではない。大事なのは『見えないところで日本を支える力』です。そういえばわたしのJG在任中にこんなことがありました。JG生の保護者の前でフリートークをしていたとき、ひとりのお母様から『JGは女性の自立ということを強調するけれど、わたしのような主婦を否定しているように聞こえることがあります』と言われました。わたしは反省しましたね。JG生のレベルの高さにつられて、社会の最前線で活躍をすることについ偏った話をしていたのかもしれません。わたしは『家庭を守る』というのも社会におけるかけがえのないもの、女性の活躍のひとつの姿だろうと思います」

風間院長もこう語る。

「わたしのJG時代の友人の中には特定の職業に就かれなかった方もおられます。この友人はすごくしっかりした考えを持っていて、母親として妻として生き生きとした人生を歩んでいます。彼女は女子学院が目指す『地の塩、世の光』として、素晴らしい人生を送っておられると思います」

男女共同参画社会の中で「女性のリーダーシップ」が声高に叫ばれることの多い昨今、風間院長はこの点についてどのような思いを抱いているのだろうか。

「男性に伍してやって、男性社会の組織立っているところで男性と同等の力を発揮してリーダーになることは、そもそも男女の共同参画ではないと思っています。生物学的に見ても男性、女性は様々な面で異なりますしね。社会では女性だからこそできる役割がありま す。たとえば、柔軟な姿勢で人間関係を構築しつつ、リーダーシップを発揮できるとかね」

心の内に「舵」を持つ

一八七二年、長崎の波止場でひとりの女性が東京行の船を待っていた。

彼女は故郷の熊本を捨てて、上京しようとしていた。その姿は希望溢れるものではなく、むしろ悲愴感が漂っていた。十年間結婚生活を送ってきた夫に離縁状を叩きつけたこと。いまでも痛むのは酒乱の夫が投げた短刀が突き刺さった腕。そして、熊本に残してきた子どもたち……。

物思いに耽る彼女の視線の先には停泊する船の大きな舵があった。彼女は心の内でこう呟く。

「どんなに順風であっても、船は舵（楫）がなければ目的地に到達することはできない。わたしは自分の心の中にある舵をしっかり保っていきたい」

彼女はそれまでの「勝子」から「楫子」へと名前を改めた。

上京した矢嶋楫子はやがて教師として高い評価を得るようになる。そして、日本基督教婦人矯風会の初代会頭として女性解放運動に携わり、また、JGの初代院長として女子の自立に重きを置いた教育に尽力したのである。

「あなたがたは聖書を持っています。だから自分で自分を治めなさい」

この教育方針を貫いた矢嶋。彼女は「生徒たちを信頼します」ということばとともに、JGの校則を撤廃することを決意した。そのとき、その大胆な試みを不安に思う教員たちが矢嶋を取り囲んだ。矢嶋は優しく微笑むと次のようなことを言ったという。

「わたしたち人間には規則が果たして必要でしょうか。善悪の判断はわたしたちの良心がするべきものではないでしょうか。神の愛を感じながら、すべきこと、すべきでないことを生徒たちが自ら判断できるように教育したいのです。彼女たちが大人になったとき、そういう判断基準を自らに備えていないと困ったことになってしまいます」

矢嶋の「生徒たちを信頼します」ということの考えは、生徒たちの心の内に確かな「舵」を持たせたいという願いが込められているのだ。

それから百年以上の月日が流れた。

この矢嶋の思いはいまのJGのそこかしこに息づいている。

JG生は今日もまた自らの心の中に問いかけ続けている。ときには思い悩み、葛藤する。

それらの経験を幾度も繰り返すことで、彼女たちは心の「舵」を獲得し、ゆっくりと、力強く成熟するのだ。

第3章　雙葉　お嬢様のリアル

憧れのセーラー服

雙葉は通学の便がよい。最寄りの四ツ谷駅はJR中央線・総武線だけでなく、地下鉄の東京メトロ丸ノ内線と南北線が乗り入れている。加えて、雙葉は四ツ谷駅の麴町口から至近距離に位置する。学校案内には「徒歩二分」の記載があるが、実際はそんなに時間を要さない気がするほどだ。

雙葉は幼稚園から高等学校までの教育施設を有している。とはいえ、校地面積はさほど大きくない。駅近であり、さぞかし狭隘に感じさせる佇まいだろうと思いきや、そうではない。雙葉の校門前はとても明るく開放的な雰囲気がある。これは、眼前に外濠公園が広がっているからだろう。この外濠公園、その名のまま、牛込濠、新見附濠、市ヶ谷濠へ沿うように位置している。桜の名所としてもよく知られていて、園内にはソメイヨシノやヤマザクラなど約二百四十本が植樹されている。この公園は車道から一段上がった遊歩道になっているため、雙葉の目の前に大勢の人が行き交うことはない。

近隣には教育機関が多い。新宿通りを挟んだ向こう側にある聖イグナチオ教会の裏手には上智大学のキャンパスが広がっている。名門の千代田区立番町小学校は雙葉の裏手にある。一九五〇年代の公立全盛期、「番町小→麴町中→日比谷高校→東京大学」がエリートのモデルとされたこともあった。そして、外濠公園沿いに市谷方面へ少し進んだところには中華民国（台湾）系の東京中華学校がある。また、JGは雙葉から直線距離で約五百メートルのところに位置している。

江戸時代、千代田区六番町のエリアは尾張藩の中屋敷や尾張藩附家老であった成瀬正成の上屋敷などが立ち並んでいた。

明治時代になると、雙葉をはじめとする幾つかの教育機関が設立される。雙葉の裏手には二葉保育園があった。この園は赤坂迎賓館裏手の「鮫河橋《さめがはし》」という貧しい密集地に住む子どもたちを教育した。「二葉」は「ふたば」と読んだ。その紛らわしさから、雙葉は設立後しばらくの間、自らを雙葉（そうよう）高等女学校と称していたらしい。

この界隈は多くの文化人が居を構えたことでも知られている。画家の藤田嗣治、白樺派の作家である有島武郎、浪漫主義・反自然主義の文人である泉鏡花、詩人・小説家の島崎藤村、歌舞伎俳優の中村吉右衛門がその代表だ。

そのような町中でセーラー服に身を包んで歩く雙葉生たちは周囲の目を引いた。

雙葉の制服は一九二四年よりその着用が義務付けられた。当時の制服は現在のものと見た目はほとんど一緒である（上着の丈がいまより長かった）。

このセーラー服は昔もいまも少女たちの憧れである。

高校生の妹が雙葉に通っているというJG出身の大学生は言う。

「妹は雙葉の制服が大のお気に入りです。『一番可愛い〜』って叫んでいます（笑）。スカートが嫌なわたしとは正反対（笑）」

メディア関係の仕事をしている三十代の卒業生は志望理由がずばり制服だったという。

「受験生のときはJGを検討したことがありました。でも、ちょっと恥ずかしいのですがセーラー服に憧れがありましたので雙葉が第一志望校になったのです」

上智大学を経て大手保険会社に勤務する二十七歳の卒業生も志望理由に制服を含めて説明する。

「母が福岡雙葉から田園調布雙葉に編入した経験を持ち、雙葉に親しみを感じていたというのがありました。あとは何といっても制服が可愛かったところですね（笑）」

元祖は横浜雙葉

一六八六年五月三十一日、フランスのある神父が神様へのお祈りのうちに召天された。

彼は貧しさゆえに学校すら通えないフランスの子どもたちのために小さな学校を創設し、

子どもたちはそこで読み書きなどを学んだのだ。

彼、ニコラ・バレ神父のもとには学校運営を手伝おうと多くの女性たちが集まるようになっていた。バレ神父は自分の創建した学校のみならず、フランスの各地でこのような手伝いに精を出している女性たちを集め、「幼きイエス会」という修道会を設立した。

バレ神父の精神を多くの人たちに知ってもらいたいと「幼きイエス会」のシスターたちは、やがて世界各地へと出ていくことになる。

そのうちのひとり、メール・セン・マチルドは一八七二年、横浜山手の地に貧しい子どもたち、及び居留地在住の外国人を対象にした孤児院と寄宿学校を創設した。

当時の日本は低賃金と米価高騰の影響を受け、横浜には孤児や棄児があふれていた。彼ら彼女たちはマチルドの手によって救われたのである。

この学校は一九〇〇年に「横浜紅蘭女学校」と名称を変え、一般の子女を対象にする学校となる。これが現在の「横浜雙葉中学高等学校」の前身となる。

神奈川県教育委員会が発行する『神奈川県教育史』に次のような記述が見られる。

「紅蘭女学校は中区山手町八八番地に在る。本校はロマン・カトリック系仏国、サン・モール修道会の経営で、明治三十二年十月二日の創立である。（中略）横浜紅蘭女学校は横浜雙葉の前身であるが、これより二年前、一八九七年、東京に設置された雙葉会とともに東京の雙葉高等女学校の母胞となった」

横浜紅蘭女学校の経営母体であるサン・モール修道会は、東京築地に「築地語学校」を一八七五年に開設、また、一八九七年より東京赤坂葵町で「雙葉会話女学校」を始めた。ここは略称で「雙葉会」と呼ばれるようになる。

「雙葉」の名は葵町の「葵」がもとになっている。この木が同じ茎の上に二枚の葉をつけていることにちなんだのである。また、この二枚の葉は日本と西洋の文化の出会いをも含意していた。

雙葉会はその後「雙葉高等女学校」となり、一九一〇年には現在の四谷の地に移転した。なお、雙葉高等女学校の校舎設計を担ったのは、広島県物産陳列館（原爆ドーム）の設計者として著名であるチェコの建築家、ヤン・レッツェルである。

横浜雙葉中学高等学校の千葉拓司校長がわたしの経営する塾の講演会に登壇された際、「実はウチ（横浜雙葉）が『元祖・雙葉』なのです」とちょっと冗談めかした口調で聴衆の笑いを誘っていたが、歴史的に見ると確かにその通りである。

ただし、横浜紅蘭女学校が横浜雙葉学園と改称されるのは戦後の一九五一年であるから、雙葉の名を最初に冠したのは四谷の雙葉である。

ヤン・レッツェル設計の校舎は、一九四五年四月十三日から十四日にかけての「城北大空襲」により全焼してしまう（校庭のジャンヌ・ダルク像は焼け残ったが、その後盗難という憂き目に遭っている。また、石に囲まれていた木製のルルドのマリア像は無事であった）。東京大空襲では桜蔭、ＪＧ、雙葉の三校すべてが壊滅的な被害を受けている。雙葉もまたこの苦難の時代を乗り越えていまに至っているのだ。

現在の雙葉中高の校舎は地下一階地上七階建てであるが、この校舎は二〇〇〇年に完成した。

子どもたちに愛の手を――この思いが雙葉の原点である。だから、なのだろう。雙葉は生徒たちのボランティア活動に力を入れている。赤い羽根の街頭募金活動のみならず、学年ごとに乳児院や児童養護施設との施設交流をおこなったり、近隣の公共施設では高齢者の方々へのデイサービスの手伝いをおこなったりしている。

幼稚園からの一貫教育

雙葉が桜蔭・ＪＧと決定的に違う点は、これまで幾度となく述べたように、幼稚園から高校までの一貫教育を施している点である。幼稚園の入園者の定員は「四十名＋α」、小学校からの入学者定員は四十名、そして、中学校からの入学者定員は百名である（桜蔭・JG同様に高校からの募集はおこなわない）。つまり、中高では一学年約百八十名が学校生活を営むことになる。なお、幼稚園定員の「＋α」は男児である。雙葉幼稚園のみ共学校なのだ。とはいえ女子に比べると男子の人数はかなり少なく、例年十五名ほどだという。この男児たちは女子校の雙葉小学校に進学できないため、私立小学校を受験する子が多い。二〇一五年度は私立小学校の最高峰である慶應義塾幼稚舎や、雙葉と同じくフランス系カトリックの名門校である暁星小学校への進学者を何名か出したらしい。

また、雙葉には姉妹校が幾つか存在する。田園調布雙葉（世田谷区）、横浜雙葉（横浜市）、静岡雙葉（静岡市）、福岡雙葉（福岡市）、そして、サン・モール・インターナショナルスクール（横浜市）である。これらと区別するため、雙葉は「四谷雙葉」と呼称されることが多い。なお、姉妹校を含めたすべての学校の設立母体は「幼きイエス会」（旧サン・モール修道会）である。

慶應義塾大学医学部に在学している卒業生はこう口にする。

「雙葉には多くの姉妹校がありますが、わたしたち四谷雙葉こそが本家だというプライドはみんな持っていると思いますよ」

東京大学文学部の卒業生もこの「四谷プライド」に同意する。

「『四谷雙葉なんですか？　わたし、デンフタ（田園調布雙葉）です』なんて親しげに近寄ってくる子がいたとしたら、ちょっぴり意地悪かもしれないけれど、『四谷のほうが格上ですけど』って心の内で思っちゃうかもしれない（笑）」

成金ではない名家の子女

フランス系カトリックの流れを汲み、しかも幼稚園から厳格な一貫教育をおこなっている雙葉には、「お嬢様学校」というイメージが強い。「はじめに」でも触れたが、皇后・美智子さまや皇太子妃・雅子さまが雙葉に縁があるほか、企業経営者や文化人の子女が多く通っていることは周知の事実だ。

実際のところはどうなのだろうか。ある卒業生はこう明かす。

「いま振り返ると、小学校から上がってきた子たちのご家庭はかなり裕福だったと思います。しかも、成金ではなく、本当の意味で名家の子女が多かったですね。でも、おとなしくて、清楚で、静かで……という意味でのお嬢様はいません。元気な子たちばかりですよ。

あと、とてもおしゃれな人がたくさんいます」

一方、別の卒業生は事もなげにこう話した。

「ご家庭の年収ベースの平均値はかなり高いように感じました。ただ、サラリーマン家庭の子も多く、特別なお嬢様ってそんなにいなかったと思います。雙葉の子はブランド物を身に付けたり、また、それを見せびらかしたりする子はいません。みんな真っ当な金銭感覚を持っていますよ」

堅実・質素を旨とする校風もあり、羽振りの良さを周囲に派手に見せびらかす新興成金のような似非〝お嬢様〟はいない。しかし、よく見ていると挙措が乱れず、品の良さを隠せないのが雙葉生である。

それでは、雙葉の著名な卒業生をみていこう。いかにも「お嬢様然」とした雰囲気の持ち主ばかりではないが、裕福な家庭の子女の多いことが窺える。そして、彼女たちが活躍するステージはかなりバラエティに富んでいるのだ。

アナウンサーでは、山田敦子（ＮＨＫ）、高橋真麻（元フジ）、江崎史恵（ＮＨＫ）らを輩出している。スポーツキャスターでは王理恵。女優ではかたせ梨乃、毬谷友子、村松えり、真瀬樹里、ＫＩＫＩらが出身者である。読売新聞記者の鈴木美潮、大学教授・翻訳家の木幡和枝、歴史学者の小堀馨子。小説家では川上弘美。

ちょっと変わったところでは、芸人のいとうあさこも雙葉卒業生だが、彼女は父親が銀行の元頭取、母親は資産家の出身と報じられており、実は正真正銘のお嬢様である。

恩師との出会い

雙葉で小中高の十二年間を過ごし、現役で東京大学文科Ⅲ類へ進学、現在は東京大学大学院の修士課程一年生である彼女は、自身の小学校時代を淡々と振り返る。

「小学生のときのわたしは、周囲の同級生たちから風当たりが強かったのです。みんながやっているママゴトには興味がないし、みんなが好きな『モー娘。』とか『ジャニーズ』とか全く関心がなかったんですよ。何物にも揺るがないというか。そういえば、そのころ

●取材こぼれ話●

ボランティア活動に力を入れている雙葉。秋の募金活動のときには生徒たちが募金箱を持って街頭に立つが、生徒の親戚の人たちが集まり、わざわざ大量の小銭を持ってその生徒のもとへ駆け付けることもあるという。ひょっとしたら、募金箱を持つご令嬢のところへ執事がやってくる、というドラマのような光景があるのか？「いや、さすがにそこまではないです」（卒業生）

のわたしは『非凡になりたい』とか口走っていましたね（笑）。『孤高のヒーロー』を気取っているようなところがありました。周りに付和雷同することは一切しないから、出る杭としてかなり打たれました。その一方で、先生には気に入られていて、合唱のソロの代表に選ばれたことがありました。だから、周囲と上手く打ち解けられなかったんです」

そんな彼女が同級生に心を開くことはほとんどなかった。「どうせわたしは友だちなんてできないんだ」と思い込み、人目を避け、学校の図書室に籠る日々が続いていた。

彼女は自身の態度に問題があったのだと振り返る。

「わたしは勉強面で他人より秀でていたところがありました。それに対して周囲に劣等感を抱かせてしまう、つまり、わたしが周囲の同級生を見下していたところがあったのです」

彼女が小学校四年生のときにその転機は訪れた。

野球部の顧問みたいに厳しい、毒舌のおじいちゃん先生が新しい担任となったのだ。

「何だかこわい先生に当たっちゃったな」

そう身構える彼女にその先生はするすると近寄ってくるとこう話しかけた。

「無理矢理でもいい。あなたは外へ出て運動に励みなさい」

彼女はいままで決して足の向かなかった校庭へ繰り出すようになる。ドッジボール、バスケットボール……体を動かす心地よさを感じるとともに、これを機に運動が得意な子たちと仲良くなれたのだ。

「へえ、あの子、勉強だけではないんだ……」

同級生たちの彼女を見る目がみるみる変わったという。

「それまでは自分の新しい面を出そう、殻を破ろうという試みなど一度もおこなったことがありませんでした。その先生はちゃんとわたしに目を向けてくれて、そして、新しい世界へわたしを引っ張り出してくださったのです。その担任のおじいちゃん先生は残念ながらわたしが中学校二年生のときに突然亡くなってしまったのです……。わたしが小学校の時に一番お世話になったのはこの先生です。いまでも感謝しています」

彼女はそう微笑んだ。一瞬、その双眸が潤んだように見えた。

わたしはこの話を聞きながら、ノートルダム清心学園理事長であるシスター・渡辺和子さんがラジオ（ニッポン放送『心のともしび』）で語ったことを思い出していた。こんな内容だった。

「わたしは中学校から雙葉に入りましたが、最初はこのミッションスクールになかなか馴染めませんでした。武蔵野の広々とした自然の中で育ったわたしは、都会の学校の狭い校庭では物足りず、階段を駆け降り、大怪我をして学校を休むはめになったんですね。そしたら、お転婆なわたしを心配した母が校長宛に暑中見舞を書かせたのです。すると、校長から自筆の礼状が返ってきたのです。そこには、礼とともに、『和子さん、早く学校へ戻っていらっしゃい』と書かれていました。それからのわたしは確かに変わりました」

渡辺さんは、個を尊重した校長のことばに生徒と接するあるべき姿が凝縮されていたと語っている。

和田紀代子校長は雙葉の教育についてこんな説明をしてくれた。

「雙葉はカトリック精神に基づく全人教育に取り組んでいます。わたしたちは神様から命を貰う。命を貰うときに得たのが両親であるという考えを持っています。そして、一人ひとりがちがう命なのですね。だからこそ、神様からいただいた自身の使命に気づかせ、それを磨かせていく……自分のよいところはどんどん伸ばしなさい、自分の悪いところは改めなさい、と」

雙葉の教員たちは神様から与えられた唯一無二の生徒たち一人ひとりの人格形成に力を注いでいるのである。そのような愛情を注がれた生徒たちは、社会の共通善のため自らがどう生きるべきかを熟考するようになるのだろう。

雙葉の校訓は「徳においては純真に　義務においては堅実に」である。雙葉生の制服に縫い付けてある校章には、フランス語で書かれたこの校訓が刻まれている。

修道女の減少

かつて雙葉は修道女（シスター）が校長を務め、生徒たちからは「校長様」と呼ばれていた。二〇一〇年四月、その雙葉に変化が訪れる。それまでの下山彰子校長（シスター・アグネス）から和田校長へとバトンタッチしたのだ。雙葉の卒業生である和田校長は雙葉初の「シスターでない校長」である。

和田校長は雙葉の変化を説明する。

「修道女が以前に比べるとずいぶん減ってしまいました。修道女の背中をみて学べる雰囲

●取材こぼれ話●

雙葉のセーラー服は人気があると本文で述べたが、それは主として夏服を指している。冬は黒のタイツを履くのを義務付けられていることもあり、全身真っ黒な格好になってしまう。そんな姿に対して雙葉生たちは自嘲気味に「四谷のカラス」と呼んでいるらしい。そういえば、「渋谷の白鳥」「渋谷のカラス」なんていわれていた女子校もあったっけ。

気が我が校のみならず多くの学校で失われています」

その分、和田校長は雙葉の伝統を決して絶やすことなく、その教育の根本を生徒たちに伝え続けていきたいという。

「わたしたちの本分はカトリックの精神を伝えること。外部の修道女の方をはじめ、多くの人たちの協力の下、宗教の時間を一週間に一度設けています。従来のシスターの精神を受け継いでいきたい思いが強いので、かえっていまのほうがカトリックの根本的な知識などを丁寧に説明できていると思います」

和田校長が雙葉に在学していたころと比較して、他に変化していると感じるのはどういう点だろうか。

「わたくしが在学していたころは一学年百二十人、二クラス体制でした。その分、教員の数が少なく、家庭的で落ち着いた印象がありました。その当時と比べると、いまは一学年百八十人と増えました。校内は活気に満ち溢れているのですが、いまの生徒たちはとにかく忙しい。クラブに熱中している子が多いし、塾をはじめ習い事が多い。それに、IT機器をいじっている時間が長い。本校ではIT機器の持ち込みは許可制にしていますが、学校から一歩外へ出ると、すぐにそれに頼ってしまうのではないでしょうか。もっとも、これはどの学校も同じような状況かもしれません」

以前、第一志望校に不合格になり、第二志望校の雙葉へ進学した卒業生からこんな話をわたしは聞いた。雙葉に入学して勉強に燃えようと思っていたら、当時の校長が「良妻賢母」の教育を強調することにがっかりした、と。この点について学校側のスタンスの変化はあったのだろうか。和田校長はこう答えた。

「創設した当初の雙葉が『品位のある、地味で上品な日本婦人、良き母親を育てる』を掲げたのは戦略的なものでした。当時の文部省がカトリック教育を提供する学校の設立をなかなか認可してくれないことへの苦肉の策からこういう文句を掲げたのでしょう。

実際、わたしが雙葉に在学していたときは、ことあるごとに『良き母親を』と言われました。『良き母親』になれるのは当然女性だけですから、いまでも保健の授業などでは女性の身体の学習に力を入れています。

だからといって、本校が昔から『良妻賢母』ばかりを掲げて教育をしてきたつもりはありません。わたしはこの三月の卒業式にこれからの女性のあるべき姿として次のような話をしました。『グローバル化している国際社会の中においては、日本人を意識することが大切です。日本人の持っている感性、道徳観、長い歴史の中で培われた伝統、それらを意識して社会へ飛び込みなさい。そうしなければ、国際社会に出たときに根無し草になってしまいます』と」

小学校の厳格な教育

さて、聞けば雙葉小学校の教育内容や雰囲気は、雙葉中高と比較すると大きく違うらしい。小学校から雙葉に入学したという大学生に入学時からのことを詳しく聞いた。

その彼女は自然の豊かな地域で幼少時代を過ごした。当時は男の子とばかり遊んでいて、木登りやドッジボール、ドロケイなどに興じていた。転機は年中のとき。父親の実家の建て直しを機に都心へ転居。近隣のカトリック幼稚園へ転園した。そして、お受験対策の塾にこのころから通い始める。

「塾の先生からは日本女子大学附属豊明小学校が向いているって勧められたみたいです。でも、母の意向で雙葉小学校を受験することになりました。母は雙葉が駅近であること、制服が可愛いと思ったこと（笑）、そして、大学附属校でないのがよかったみたいです」

彼女は小学校受験で雙葉一校のみにチャレンジして、見事合格を果たした。

それでは、雙葉小学校はどのような選抜方法を採っているのだろうか。彼女は小学校入試のことをいまでもよく覚えているという。

「試験はペーパーテスト、実技、面接の三構成です。試験当日はとにかく『女の子だけの空間』が初めてだったので、何だか新鮮でした。よく覚えているのは面接です。面接はわたしと母、シスターと先生の四人でおこなわれます。わたしは面接で『好きな食べ物は？』と聞かれて、『キンピラゴボウ』って答えたんです。そしたら、シスターが大笑いしたんですよね。あと、実技では『積み木遊び』をするのですが、せっかく積み木で作り上げたものを他の子にいきなり壊されたんです。これは衝撃的でした」

積み木を壊した子が合格したかどうかは定かでないという。

彼女は小学校入学時に大きなショックを受ける。

「男の子と遊ぶのが好きだった分、小学校の入学式では驚きました。『本当に女の子しかいない！』って（笑）。そして、雙葉小学校へ入学した当初から幼稚園上がりの子たちのコミュニティーが既に出来上がっているんです。女の子と遊んだ経験の少ないわたしは、どうやってクラスメートに溶け込んでいいのかが分からず戸惑いました」

いつしか、彼女は仮病をつかいはじめ、学校を休みがちになったという。

「多分、入学して半年くらいは『学校を早く辞めたい』と思っていましたね。母が付き添ってくれるのですが、家から出てしばらくすると、『学校に行きたくない。家へ帰りたい』とぐずりました」

そんな彼女に対して母親はこうたしなめたという。そして、母親のこのことばが彼女を学校へと向かわせるきっかけになった。

「母はこう言いました。『いま辞めたら負けだよ。いまあなたが学校からいなくなっても、みんな何とも思わない。環境のせいにしないで、自分ができることを探してやりきりなさい。卒業する時によかったと心から思えるような、そういう学校生活を自ら送りなさい』」

このことばは、彼女が高校三年生の時、受験で悩んでいた折に部活動（演劇部）の顧問の先生からかけられたことばと通じるものがあると述懐する。

「先生に『置かれた場所で咲きなさい』と優しく声をかけていただいて、気持ちがすっと楽になったのを覚えています」

さて、雙葉小学校の話に戻ろう。同校はかなり厳格な教育をおこなっていたらしい。

「小学校二年生のときに担任の先生から『カレーの食べ方』を注意されたんです。わたしはカレーとご飯をぐちゃぐちゃにして混ぜ合わせていたんですね。それを『品がない』って指摘されました。小学校二年生にそんなことを言うのは、自分をちゃんとひとりの人間として認めてくれているということです。親に言われるより、第三者に言われた方が響きますよ。それから食べ方はもちろんのこと、普段のしぐささえ周囲を意識するようになりました。小学校はとにかく厳しかったですよ。下敷きを忘れただけですごく怒られますし。魚の皮を残すときは、それを先生に報告しなければならないし……」

学力が二極分化する「内部」

雙葉生の間では小学校以前から在学していた子たちを「内部」、中学校から入学した子たちを「外部」と区別して呼んでいる。

小学校受験はいわゆる「偏差値」云々とは無縁の世界である。幼児教育に携わる人からは異論が出るかもしれないが、わたしは小学校入学時点でその子の「学力」を試験で見極めることは難しいと感じている。

実際に、雙葉では優秀な外部生に混ざって、勉強に四苦八苦している内部生が何人も見られたという。

雙葉の小学生たちは中学から入学してくる「黒船」に対して戦々恐々とすることはないのだろうか。先ほどの「内部」の彼女に尋ねてみた。

「いやあ、全然ないです（笑）。先生たちはそういう空気を作ろうとするんですが。小学校六年生のときは中学受験の真似事のような指導をすることもあり、『これじゃ中学から入ってくる子たちに太刀打ちできないわよ』なんて脅す先生もいるのですが、それをちゃんと真摯に受け止めている子はあまりいません。全体的にのんびりしているというか……」

この点について和田校長はこう補足する。

「小学校の高学年になると、『中学受験をして優秀な子たちが入ってくるから』と危機感を抱いて、子どもたちは結構な割合で塾に通っているんですよ。小学校もその点には気を遣っていて、このまま内部進学をさせると厳しそうだなという子には個人指導をしています。普通はそれでついていけるようになるのですが、それでも厳しい子は中学への推薦をしないケースもあります」

そんな雙葉小学校の生徒たちが中学校へ無事上がると、それまでと大きなギャップを感じるらしい。小学校入学組の卒業生は言う。

「小学校の時はかなり厳しい教育を受けていましたから、中学に入ってびっくりしました。なんでこんなに自由なのかって。同じ雙葉のはずなのですが、違う学校みたいに感じましたね。そういえば、小学校を卒業する時に、『いままではやれと言われたことをやればよかったけれど、これからはちがう。一見楽に思えるかもしれないけれど、自由には責任が伴うのです。あなたたちはそんな厳しい世界に行くことになるんですよ』と先生から言われたのを思い出しました」

和田校長は小中の差異を教えてくれた。

「雙葉小学校が厳しいというのはよく知っています。たとえば、筆箱に入れる鉛筆の種類さえ指定されているほどですし。あと、これはわたしの感覚ですが、小学校から敢えて私立へ入学させるご家庭は経済面も含めてかなり特別だと思います。だから、小学校から雙葉に入れる＝お嬢様を育てる、という見られ方をするのはよく分かりますね。どこかの雑誌で、新入生の親がブランド商品を抱えながら子の手を引いて歩いているって書かれていましたが（笑）、中学校はそういう雰囲気は全くありません」

小中高と雙葉で十二年間を過ごした卒業生は、内部生たちの学力が中高で「二極分化」する様子を見てきている。

「わたしが面白いと思うのは、内部の子たちって中学入学後に学力面で上へ突き抜けるか、下へ沈むか両極端になる点です。これはわたしの代に限ったわけでなく、毎年そうみたいですね。わたしの同級生は東大に十二名現役合格したのですが、そのうち七割程度が内部です。こういう差がどうして生まれるのかは謎です。一方、成績的に低迷を続けていた内部の子たちは美大に行ったり、留学したり。あとは、『できない』とはいえ、早稲田の推薦取ったり。そういう意味では、雙葉は凄い学校だなあと思います」

「内部」と「外部」は衝突するのか？

中学入試を経て入学してきた外部生約百名は、小学校から上がってきた内部生八十名と席を並べて中高生活がスタートする。

当たり前の話だが、小学校六年間（幼稚園からだと計八年間）を同じ顔ぶれで過ごしてきた内部生は全員が顔見知りであり、その中には何がしかの秩序が既に成立している。

一方、中学入学組は出身小学校も在住地域もバラバラであり、見知った子はほとんどいない。外部から見れば結束しているように感じる内部とのやりづらさを感じることはないのだろうか。

「あー、何か違うなという印象がありましたね。内部の子たちは騒がしいというか落ち着きがないというか。でも、それは当たり前ですよね。みんな小学校から見知った仲間なんですから、わたしたち外部とはちがって、校内で何も遠慮することはない」

そう語るのは二十七歳の「外部」の卒業生。彼女は続ける。

「内部、外部に分かれて対立する、なんていうことはなかったですし、次第にその区分もなくなっていきましたね。中学校三年生くらいのときは、もうほとんど意識することはありませんでしたよ」

やはり「内部」の学力レベルは二極化しているのかと彼女に問うと、その通りです、という返答があった。

「内部の子は勉強が出来る子と出来ない子の差が大きいです。その間に外部が挟まれているような……いま思えば、そんな感じですね。外部の子は『できる』『できない』って差は何年経とうがあまり開かないような気がします。内部で成績が厳しい子はワイワイと明るい子が多かったですが、別に授業の和を乱すようなことはなかったですよ」

東京大学文学部四年生の「外部」の卒業生はこう証言する。

「入学当初、内部生は何だかよそよそしく、外部の前でわざと昔話をするなどして、自分たちの縄張りを守ろうと牽制することがありました。が、悪意に満ちたいじわるではなく、単に外部に対して構えているだけでした。内部生は品の良い子たちが総じて多かったように思います」

内部の子にさからったらイジメが

しかし、中には内部と外部の衝突についての生々しい話もあった。慶應義塾大学医学部に通う「外部生」は言う。

「内部の子たちは中学入学当初から結束しています。一方、外部の子たちはそれぞれが独りぼっち。だから、入学して早々の外部の雰囲気は『いかに内部の子たちに気に入られて、そちらのグループに入れてもらうか』に注力しなければならない。外部の子で面白くて目立つ子は内部のグループに引き抜かれます。その繰り返し。だから、次第に外部は内部の子たちに媚びへつらうようになるんですよね。わたしはこれが嫌でたまりませんでした」

ただし、彼女は自分の心構えにそもそも問題があったと自省する。別の第一志望校に不合格となり、雙葉に入学した彼女は、「わたしの通いたかった学校ではない」と他校への未練を残しつつ、学校で斜に構えていたらしい。そんな態度が周囲に伝わったのだろう、彼女は中一のときイジメに遭う。

「中一早々イジメのターゲットになりました。きっかけは、内部の子にちょっと逆らったことです。みんなからいきなり無視されました。このことが原因で部活動も辞めざるを得なくなりました。イジメってターゲットがコロコロ変わるんですよね。先週までいじめていた子が今週はいじめられている……そんな光景が校内でよく見られました」

でもね、と彼女はこうフォローする。

「一人ひとりを見ると、優しい子が多いんです。しかし、集団で固まった女子の中でマイナス作用が一度働いてしまうと、どんどんエスカレートしてしまうことがあるのです」

そんな彼女ではあったが、時間が経つとともに雙葉の学校生活に馴染んでいったという。

和田校長は内部と外部の軋轢についてこう語ってくれた。

「多かれ少なかれ、毎年聞く話です。『みんながフレッシュな中学校一年生』という意識を持つことが大切です。わたしたちは小学校から上がってきた子と中学から来た子を最初から分けるなんてことは全く考えていません」

和田校長によると、中一の一学期末の夏期学校を境にして、内部・外部の溝が埋まっていくという。また、宗教の時間では「内部」のお祈りする様子を見て、自分たちも早くあの域にたどり着きたいと憧れる「外部」が多いらしい。

雙葉で内部・外部の区別が唯一なされるのが中一の英語授業。内部の生徒たちは小学校時代より英語学習に親しんでいるためだ。

特徴はフランス語授業

先に触れたように、「外部」は中学入試の難関を突破した子たちゆえ、成績的に中上位で安定している反面、「内部」の子たちの学力差は激しい。「内部」の中には現役で東大文Ⅰに合格する子がいる一方、成績的にかなり厳しい子も一定数存在する。しかしながら、後者のタイプの子が校内で肩身の狭い思いをすることはない。学校側も成績の序列で差別することはしないし、成績の貼り出しなども一切おこなわないからだ。学力を尺度にして人物を評価することなど全くない雰囲気が雙葉にあると卒業生たちは口を揃える。

雙葉の授業の様子を尋ねると、卒業生のひとりは懐かしそうな表情を浮かべた。

「音楽、英語、国語がとにかく楽しかったです。音楽は独特な先生で、その先生は『天使にラブ・ソングを』の中に出てくるゴスペルの歌を扱ってくれて、みんなで練習しましたね。英語はプログレスを用いるんですけど、文法だけでなく読み物が多くてレベルはかなり高かったと思います。予習をしっかりやらないと付いていけない。専門的な単語もたくさんありますし。そして、国語は文章を題材にして先生がいろいろ語ってくれたのが印象に残っています。その一方で、数学の授業は理系大学を目指す子にとっては多少物足りなかったのではないでしょうか」

また、東京大学に在学中の卒業生は英語の授業レベルは相当高かったと振り返る。文法重視の内容ではあったが、かなり高度な内容にまで踏み込んだらしい。

理系科目については内容云々ではなく、大学入試対策という尺度から考えると進度が遅いのではないかという指摘が多い。

しかし、その理系科目の中にはかなり奥深い授業もあったと慶應義塾大学医学部に在学している卒業生は振り返る。

「生物の授業は面白かったです。授業内容が多岐に渡るだけではなく、かなりマニアックなところにまで踏み込み、わたしは毎回ワクワクしていました。その生物の先生はとても親身な指導をしていらして、わたしはよく質問していました」

卒業生たちに雙葉生の中高での通塾率について尋ねてみた。総合すると、通塾率は中一で約二〇%、中二で約三五%、中三で約六〇%、高一で約八〇%、高二・三はほぼ一〇〇%であるらしい。

さて、雙葉独自の教科指導といえば、なんといっても「フランス語」だ。

雙葉は中三時に第二外国語として「フランス語」を全員学ぶ。そして、高校生になると、

「英語」か「フランス語」を第一外国語として選択することになる。

高校でフランス語を選択した卒業生に話を聞くと、雙葉生のフランス語選択率は全体の一割もいないとか。ほとんどの子は大学入試を見据えて英語を選択するらしい。彼女にフランス語選択の理由を尋ねると、「英語は塾や予備校に通えば学べる。そして、何より違う言語をもう一つ学んでみたいという好奇心が強かった」とのこと。なお、彼女はフランス語で大学入試に挑んでいる。少人数のフランス語のクラスには帰国子女ですでに英語がペラペラの子も在籍していた。

「彼女はおそらく英語はもう習わなくてもよいと感じたんじゃないでしょうか」

その帰国子女の子は外務省へ入り、現在はフランス語圏の地域で活躍しているとか。

和田校長はこのフランス語授業の様子を説明してくれた。

「フランス語の選択者は少なく、例年数人から十五人くらいでしょうか。ネイティブのフランス人教員による少人数制指導はかなり恵まれた環境です。フランス語選択者はそのまま大学受験をフランス語で挑むことが多いですね」

ただし、と和田校長は含み笑いをする。

「中学三年間、英語が苦手だったのでフランス語に逃げる、という子もいます。でも、それで功を奏したという話は聞きませんね（笑）」

彼氏がいるのは一割未満？

さて、雙葉の在校生がどう思うかはともかく、雙葉はお嬢様校の代名詞的存在であり、同年代の男子から憧れの目を向けられる対象である。雙葉の子たちは高校生にもなると彼氏のいる子が多いのだろうか。また、そういう話題で盛り上がることもあるのだろうか。

「高校生になっても彼氏がいる子はおそらく一割にも満たないのではないでしょうか。そもそも、校内では『恋愛の話』はタブーな雰囲気がありました。男子との恋愛は『いけないこと』といったとらえ方をしていた子が多かったように思います」

現在大学生の卒業生がそう言って微笑む。

社会人の卒業生もこう語る。

「恋愛関係のいざこざなど何もありませんし、学校生活を純粋に楽しんでいましたね。男子校の人たちと仲良くなりたいとかそういう感情もなかったですし。わたしの仲の良い友だちに彼氏がいた子なんていませんでしたね」

一方、他校の男子生徒たちから「雙葉四天王」と呼称されている有名な子たちが存在した時期もあったとか。「美人で華やかで交友関係が豊富な子たちです。でも、そういう子はあくまでも例外ですよ」。

雙葉の卒業生から初老の男性教員に関するこんな噂話を聞いた。

「その先生の奥様は雙葉の教え子ではないかといわれています。何でもその奥様が雙葉生のときに誘拐されそうになったのをその先生が身を挺して救ったとか」

「誘拐」なんて物騒なことばが登場する時点で信憑性に欠ける話ではある。が、こういう「白馬の王子様」的な話が語り継がれるのは、雙葉生の多くが恋愛に対して純朴な思いを抱いているからなのだろう。

教師をいじめて辞めさせた

東京大学文学部四年生の卒業生に尋ねてみた。

雙葉では、問題行動を起こすような子はいなかったのか、と。

「夜遊びや飲酒、万引きなどは聞いたことがありません」

そう即答したが、彼女は「思い出した。いま思えば、若気の至りとしか言えない恥ずかしい話なんですが……」とこんな話を打ち明けてくれた。

「中二のとき、担任の先生をみんなでいじめて辞めさせたことがあるんです」

聞けば、保健体育担当の若くて大変可愛い先生だったとか。「振り返る仕草がナルシストっぽくて何だか嫌だ」と誰かが言い出したのが引き金になった。いま思えば、若くて綺麗な先生への羨望が歪んだ形で表出したのかもしれないという。

「試験中に先生が生徒たちの机を回っているときにわざと消しゴムを落として拾わせた子もいました」

とどめを刺したのはこんな事件だった。

「美術の授業で使用した素材の花をひきちぎったのを、終礼時に先生がやってくる直前に教卓の中に敷き詰めておいたんです。それを見た先生が泣きながら出て行ってしまったんですよね」

彼女はこう続ける。

「ちょっと先生のメンタルが弱かったのもあるかもしれません」

そして、こう補足する。

「わたしは別にその先生のことを嫌いではなかったのですが……。クラス全体がそんな雰囲気に染まっちゃったんですよ」

実際にその教員が生徒たちに嫌気が差して退職したのかは定かでない。生徒たちが「自分たちが辞めさせてしまった」と一方的に思い込んでしまっている可能性もあるだろう。

しかし、先に触れた内部と外部の軋轢もそうだが、群集心理が働くと、冷酷非情な行動にエスカレートすることもある。この話はその好例であろう。

ちなみに、雙葉の教員の男女比はおよそ三対七で女性教員の占める割合が高いらしい。卒業生たちの話を総合すると、若い男の先生は生徒たちに邪険に扱われることが多いとか。社会人の卒業生はこう語る。

「みんなから『キャー』って騒がれる男の先生は残念ながら誰もいません（笑）。とあるおじいちゃんの先生は人気がありましたね。掃除が終わったら必ずニベアのクリームをくれるので（笑）。女性の先生だと自分たちの母親と同じくらいで優しい先生が人気でしたね。若くて弱々しい女の先生は格好の餌食になりましたよね。英語の先生なんて帰国子女の子に発音で突っ込みを入れられたりしていましたから（笑）」

後輩への説教タイム

雙葉の部活動は、「部」と「会」と「班」の三形態がある。「部」は頻繁に活動していて、他の「会」や「班」との掛け持ちはできない。一方、「会」は「班」との掛け持ちが可能である。「班」は土曜日限定の活動であり、その種類はかなり豊富である。

「英語演劇部」に所属していた卒業生に部活動の様子を詳しく教えてもらった。

「英語演劇部」は「部」であるがゆえにかなりハードな活動であっただけでなく、先輩後輩の上下関係が厳しかったらしい。普段は全員仲良くやっているが、先輩に対しては相当に気を遣わなければならない。しっかり挨拶をするのは当然、その際には必ず敬語を使わなければならない。なお、演劇の公演が終了したら、部の習わしとして必ず先輩に対して「御礼状」を書かねばならない。先輩全員に書かなければならない決まりなので中一生はかなり大変になる。御礼状には「このたびの公演では先輩方にお世話になりまして……」といった文面が多い。他にも、先輩より早い時間帯に朝練の場に顔を出さなくてはならない取り決めがあったとか。彼女は笑いながらこう付け加えた。

「部の儀式、いや、伝統芸として『二つ下の後輩を説教する場』がありました」

聞けば、後輩たちの態度が悪いときによく説教をしたが、別にそんな事実がなかったとしても、無理やり説教タイムを設けていたらしい。

「後輩たちはしおらしくうつむいているのに、説教する側はついそんな後輩たちを見て笑いそうになっちゃうんです」

そんな英語演劇部内でイジメは皆無だったとのこと。

「でも、ダンス同好会ではいろいろないざこざがあったかもしれません。容姿に自信のある人たちが選ぶ同好会なので、嫉妬から来るトラブルが多かったようです」

そんな彼女にとって先輩は「こわいけれど、尊敬できる人」。

彼女は中一〜中三にかけて、三つ年上の憧れの先輩がいたらしい。「そのとき、わたしは確かに恋をしていました」と語る。バレンタイン・デーにはその先輩に手作りのお菓子を渡したり、先輩の好きなキャラクターグッズをプレゼントしたりしていた。最後に先輩からお礼の手紙を受け取った時には、思わず号泣したとか。

別の卒業生はこう述懐する。

「周囲には先輩に本気で恋をする人がいました。雙葉の伝統として、学年の終わりにお目当ての先輩から靴紐やハチマキを譲り受けるんです。雙葉では学年によってこれらの色を使い分けるんです。たしか中一は赤、中二はピンク、中三は緑、高一は黄、高二は水色、高三は紫です。わたしは使い古しの靴紐やハチマキは何だか汚らしいと思ったので、遠慮しておきましたが（笑）」

先輩への御礼状

数ある「部」の中でも最も厳しいとされているのが「演劇部」。そこに所属していた卒業生に話を聞いた。彼女は小学校から雙葉に在学している「内部」である。

彼女が演劇部を選んだのは、エンターテイメント系のプロデュースを手掛ける父親の影響。小さな頃から舞台の楽屋や稽古の場などへ顔を出していたという。

「わたしが中高を楽しく過ごせたのは、演劇部に入ったからだと言い切れます。生活の中心はそこだったし、演劇部は『はじめて自分を認めてくれた場』だったのです。小学校の人間関係は自分が周囲から抜きんでるとすぐに叩かれる……だから、なるべく目立たないようにしようと思っていましたが、演劇部は学年に関係なくオーディションで役が選ばれる実力主義。目立つと褒めてくれる、認めてくれるのです。先生でもない、ちょっと年上のお姉さんたちに一目置いてもらえる。これはわたしにとって意外で嬉しいことでした」

英語演劇部同様、演劇部でも御礼状の存在がある。

「演劇部は公演が終わると先輩に『便箋二枚以上』で御礼状を出さなければいけないという規定がありました。便箋の柄は控えめなものにするのが暗黙のルールとして存在しました。あと、自分が後輩に手紙を貰った時は必ず返信します。みんな、その手紙を読んで泣きます。普段は言えない本音が盛り込まれていたりするからです。みんなペンだこを作るくらい本当にたくさん書きましたね」

彼女はその経験は卒業後も役立っているという。

「卒業したいま、雙葉の演劇部の子たちの年賀状は総じて『筆まめ』です。わたしも多くの手紙を綴ってきたせいか、書くことには何の抵抗もありません」

和田校長は部活動の人間模様を語る。

「とりわけ公演する部活動、たとえば演劇部、英語演劇部、管弦楽同好会、音楽部、ダンス同好会などは大人数で、かつ生徒が生徒を指導しながらおこなっています。だから、結果として『上級生様』という雰囲気になります。下級生は上級生にはちゃんとお辞儀をしている。わたしたちにはしなくても（笑）。でも、上級生が下級生を『しごく』というよりも、よい公演にしたい、その一心で指導しているのですよ」

そのような上下関係が学業の妨げになるケースもかつてはあった。

「公演が終わると下級生は上級生に対して御礼の手紙を書くのですが、そればかりに一生懸命になっちゃって、宿題をやらないなんてこともあった（笑）。それでわたしが全校に向けて注意したら、『校長先生はわたしたちのクラブ活動の足を引っ張る』なんて言われてしまいました（笑）」

しかしながら、公演がない文化系の部活動、そして「会」はそんな厳しい上下関係とは無縁だったという。

テニス部会から途中で管弦楽同好会に移った卒業生にその様子を聞くと、やはり「部」と比較すると雲泥の差、かなりのんびりしていたらしい。

「『会』だけあって、テニス部会は上下関係に苦しむことなどなかったですよ。コートは二面あるのですが、バスケ部が使うと半分しか使えないんですよ。だから、雙葉小学校の屋上でも練習しました。その後、わたしは管弦楽同好会に変わったのですが、一つ年上で、同じ楽器（コントラバス）の優しくて親切な先輩に憧れました」

●取材こぼれ話●

雙葉は意外にも体育会系気質で上下関係の厳しい部活動が多いが、文化祭の実行委員は真逆らしい。実行委員の中では縦割りの班を組んでそれぞれの役割をこなすことになるのだが、敬語を使わずに上級生に接するのが当たり前のようなフレンドリーさがあるのだとか。どうしてこのような雰囲気になったのかは謎だとのこと。

そんな彼女は上智大学に進学し、オーケストラの活動に励んだという。

和田校長は部活動の意義を次のようにまとめてくれた。

「クラブ活動を見ていると、つくづく子どもたちはみんなすごい才能を持っているなあと感心させられます。こういう中で、協力することの大切さを学ぶのはいいことです」

掃除で献身的な姿勢を身に付ける

和田校長は雙葉名物の「掃除」の意義について語ってくれた。

「この建物は十五年前にできたのですが、建物が新しくなってからは掃除が簡単になりました。昔は床が木でしたから、ワックス塗って……トイレも手で拭いていました。トイレは和式から洋式に変わり、これで大分楽になったのではないでしょうか。雙葉の掃除の意義は、たとえばゴミの捨て方が悪いといった自分たちの粗忽さに気付かせてくれることです。これからも続けていきます」

和田校長も雙葉生時代は掃除を熱心におこなっていた。だからだろうか、大学へ進学したときは、その汚さに啞然とし、すぐにほうきを取り出して掃除を始めたという。

大学生である卒業生は掃除を思い出して言う。

「そんなにいうほど掃除は大変でないですよ。トイレ掃除もありますが、そもそもとても綺麗な空間なので、苦にはならない」

では、雙葉の掃除を通じて、あなたも綺麗好きになれたのかなと尋ねると、ちょっと照れたようにこう返した。

「いいえ。自分の部屋を整理整頓できずに大変なことになっています。でも、矛盾しているのは分かってはいるのですが、人の部屋が汚いとかなり気になるんですよねえ（笑）。そこは出しゃばって掃除してしまうかもしれません（笑）」

社会人の卒業生も同じようなことを言う。

「掃除、楽しかったですよ。この前、雙葉の同級生と再会したときに、『そういえば雙葉で掃除当番をサボる子なんていなかったよね』という話になりました。え？　わたしの部屋は綺麗かって？　うーん……それはノーコメントで（笑）。彼氏の部屋が汚れていたら？　それはかなり気になりますよ（笑）。結婚したら、雙葉で学んだ掃除が活きると思います」

彼女は雙葉生の特徴がこういうところに表れているのではないかという。

「話していて思ったのですが、雙葉の子たちって世話焼きが多いかもしれません。『部屋汚いのだったら、掃除してあげるよ』みたいな。自分のことはさておき（笑）。いま妊婦である雙葉時代の同級生は、朝・昼・晩とちゃんとご飯作って、さらに旦那さんのお弁当を毎日作っているんです。しかも、別にそれは苦にはならないって言っていますね。そういう献身的な子が雙葉には多いと思います」

献身的といえば、雙葉の運動会でこんなエピソードがある。

いまは社会人である卒業生が言う。

「東京体育館でおこなう運動会は学年対抗形式です。わたしたちの学年はとにかく足が遅くて、高三のときに中一にリレーで負けました（笑）。そして、高三は『花の歌』っていうダンスをやります。紙で作った二つの花を持って踊るのですが、その花が後輩にもらわれないと受験に落ちるなんて噂が囁かれていました（笑）。わたしは幸い後輩に受け取ってもらえたのですが、誰にも渡らない花が中にはあるんです。その花を留学などして一つ下の学年になった子が手元に残らないようひとつひとつ回収しに来てくれるんですね」

百合は百合らしく、バラはバラらしく

就職を間近に控えている卒業生は、雙葉で学んだことはいまの自分に大きな影響を与えているという。

「当時の校長様が口を酸っぱくして言われたのは、『裏表のない、さわやかな品性を兼ね備えた女性になりなさい』ということです。ことあるごとにそうおっしゃっていました。それって他人にどう思われるかを常に意識しなければならないことですよね。雙葉の六年間の中でわたしも周りのみんなも、他者に対して思いやりを持てる姿勢を自然に身に付けていったように思います」

小学校時代にいろいろな難題に遭遇した冒頭の卒業生（内部）は当時の校長に言われたことが大学生の自分の中に息づいているという。

「雙葉では呪文のように『百合は百合らしく、バラはバラらしく』って言われ続けました。だから、『たとえば、わたしはスミレだし、バラのようにならなくていいんだな』と思えたんですよね。人といちいち比べたりしない。植物の花はそれぞれの美しさも違えば、咲く時期もそれぞれだし、大きい花もあれば小さい花もあるし、日陰でがんばる花もあれば、明るい場所で咲く花もある……これはいいたとえ方だと思います。

わたし、雙葉へ行っていなかったら、自分の道を突き進むような性格にはなっていなかったですね。大変な時期もありましたが、応援してくれる先生や先輩に出会えましたし……。たとえ、いじめてくる人がいたとしても『戦う相手』がいたというのは物凄く意味がありました。そういう環境は自分にとってプラスでした。小学校から高校までずっと同じ『鳥籠』の中にいたのが、いきなり大学という『大海』に放り出されました。そのときに、自分と合わない人、性質が合わない人と上手くやっていく術というのは既に身についていたような気がします」

過剰な父親たち

複雑な人間関係、軋轢などを乗り越えた際に得られるものは「たくましさ」であり「したたかさ」であると卒業生のひとりは言い切る。なるほど、これは人間に必須の性質なのかもしれない。

JGの卒業生たちは「人間関係で雙葉生には勝てる気がしない」と異口同音に語っていた。そう、雙葉生は『他者のために献身的に行動する』姿勢を学校生活の中で自然に会得していくのである。穿った見方をする人はそれを「腹黒さ」と揶揄することもあるが、わたしはそう思わない。実際に多くの雙葉卒業生に取材をしたが、彼女たちはじっくり考え、そしてこちらの立場に気を遣いつつふるまう術が血肉化しているのだ。

しかし、その雙葉の良さを自らに取りこむことができず、他者と比較することに疲れてしまい、中高の途中で挫折してしまう子もいるらしい。和田校長は言う。

「親の期待に応えられなくて潰されてしまうような子は目にします。お父様に問題のある場合が多いような気がします。可愛いお嬢さんに一生懸命になる気持ちは分かりますが」

和田校長はその一例としてこんな話を挙げた。

「かつて『小学生のときにはトップクラスの成績を収めていたのに、中学校に入ったら思うようにいかない』などとお嬢様を責めたお父様がいました。それはそうです。中学校から入ってくる子の多くは小学校では優秀な成績を収めているに違いないのですから。この一件については、時間が解決に導いてくれました」

和田校長は生徒たちを観察していて、次のような危惧を抱いているという。

「小学校時代から『お前はこうなれ』などとお父様から言われてきたお嬢さんが多いのではないでしょうか。でも、中学生にもなれば自我が芽生えてきますから、父親の言うことなど聞かなくなってくる……そうすると父親としてはますます頭にきてしまうのでしょうね。こういう父親の行き過ぎた熱心さは、昔は決して見られなかったことです」

雙葉には「パパの広場」という有志の父親たちが集まる場があるという。この場では父親同士が名刺交換をするのを禁じている、つまり社会的な立場は関係なく、雙葉に娘が在学している点で繋がっている。娘と一緒に映画をみる機会を設けたり、父親たちが娘たちにクリスマス会を用意し、劇を披露したりしている。カトリック教育を父親たちが学ぶ研修の場としても機能している。

この会の参加者の大半は幼稚園や小学校の在校生、つまり「内部」の父親ばかりである。中学校から雙葉に進学した「外部」の父親は、この会に参加した際に居心地の悪さを感じたという。お揃いのネクタイピンを付けて、父親たちが歌う場があったというのだが、その様子に「引いて」しまい、そそくさと逃げ帰ったという。

「子供は神様からの預かり物」

和田校長は、家族問題がきっかけで勉強に集中できない、あるいは不登校になってしまうような子をいままで何人か見てきたという。学校側としてそれを看過することはせず、教員が両親と面談をおこなったり、雙葉に携わっているカウンセラーの教員があの手この手を尽くしたりしている。しかし、その甲斐もなく学校を休み続けてしまい、高校に推薦できなくなってしまった子が少数ながら存在する。和田校長曰く、こういう子は内部、外部に偏ることなくいるという。

「最近は両親が別居している家庭が散見されるようになりました。わたしはいろいろな家庭内の問題についての相談を受けます。トラブルを抱えているご家庭ではお嬢さんが人間不信に陥ることがある。そんな時、わたしははっきり言います。『経済的に自立できる、子育てできる状況であれば、きちんとケジメをつけなさい、別れなさい』と」

雙葉の中学入試では「母子家庭」「父子家庭」だと不利になるという噂が飛び交っていたが、実際はどうなのだろうか。和田校長は断言した。

「中学受験のときの願書に、たとえば父親の氏名が空欄であったとしても、敢えてそれを問いもしません。受験の合否には一切関係ありません」

また、和田校長はこう付け加えた。

「最近は女性の社会進出が目立つようになりました。いいことだとは思いますが、その分、

●取材こぼれ話●

雙葉は、バレンタイン・デーの盛り上がりがすごいらしい。部活の付き合いで配らなければいけないと、多くの生徒たちは大量にチョコレートを作って交換し合う。あるとき、お菓子を作るよう子どもに命じられた保護者から学校側へ「とても迷惑だ」という苦情が入ったとか。「親離れ」できていない子もいるのだ。チョコレートはちゃんと自分で作りましょう。

共働きのご家庭が多くなりました。中高生ともなれば鍵を子に持たせれば問題ないのでしょうが、小学生となるとそうはいかない。子が学内で具合が悪くなって横になっているとき、なかなかすぐに親が駆けつけられないなんてこともあります。そういう家庭環境の中、我慢を強いられてきた子は、中高生になって精神的にちょっと不安定になってしまうケースがあります。なかなか難しいところですね」

それでは、和田校長の考える在るべき女子中高生の保護者のスタンスとは何だろうか。

「子どもたちには神様から授かった才能を生かして豊かな人生を送ってほしい。そのためには、保護者は子の思いをしっかり理解しなければいけません」

和田校長は「当たり前の話なんですけどね」と苦笑し、こう続けた。

「お嬢さんの進路にブレーキをかける親が多いのです。保護者はお嬢さんを『私物化』してはいけません。神様から預かっているお嬢さんをしっかり育てていくのがご両親の仕事です。いずれ子は『親離れ』することをしっかり考えてほしいと思います」

雙葉の考える女性活躍

雙葉が考える女性の活躍とはどういうものなのだろう。和田校長は雙葉の教育方針と独自の取り組みを盛り込みつつ、丁寧に説明してくれた。

「女性が企業の社長になるとか、そういう例だけを女性の活躍とみなすのは違和感があります。やはり、自分が持っている力を自らが得た場所でどのくらい発揮できるか、だと思います。はじめからリーダーになろうなんて意気込まず、自分の力を誠心誠意発揮して、『他者のために生きる』姿勢を示すべきです。その姿勢が欠如しているのであれば、女性の活躍とは呼べないでしょう」

雙葉の同窓会が発行する会報には卒業生の活躍を伝えるコーナーがある。また、校内ではキャリア講演会をおこなっている。先輩たちの華々しい活躍に刺激を受ける在校生は多いが、その取り上げ方に少し偏りがあるかもしれないと和田校長は言う。

「たとえば、宇宙飛行士の試験を目指している人をセレクトすることもあるのですが、わたしは『家庭で子育てに一生懸命取り組んでいる人を取り上げてもいいじゃない』なんて言うこともあります。『でも、それじゃ記事にならない』なんて返されてしまいますが(笑)。また、本校では高校生を対象に『卒業生の話を聞く会』を開催しています。そういう場でも、お医者さんとか弁護士などの方ばかりで、子育てをしている母親は登場しないのですね。そういう部分は少し残念に思います」

雙葉の学び舎で培った社会性

三十代の卒業生は雙葉の教育がいまの自分の行動指標になっているという。

「『徳においては純真に　義務においては堅実に』というのが校訓ですが、いまでもそれは自分の目標であり続けています。またやや抽象的かもしれませんが、人としてどう生きるのが正しいのかということを学んだのはまさに中高時代だったように思います」

結婚を控えているというある卒業生は、雙葉の中高生活は幸せの日々であり、もし娘が誕生したら自身の母校である雙葉に通わせたいと望んでいる。彼女は雙葉で培われた価値観について語ってくれた。

「雙葉は厳しい校則があまりないです。自分でとにかく考えなさいよ、という学校側の思いがあるのでしょう。会社に入ってからは、周囲の先輩が遠慮する場面であっても、わたしは自分の意見をぶつけてきました。そういう姿勢は雙葉で培われたように思います。雙葉の校訓に『徳においては純真に　義務においては堅実に』というのがありますが、わたしは特に『義務においては堅実に』のほうを大切にしています。自分に課されたことはちゃんとやらなければならないと強く思います。だから、頼られたり、期待されたりしたら

『無理です』なんて悔し過ぎるからあまり言いたくない。相手の期待を裏切りたくないとつい思ってしまうんですよね」

このように、卒業生たちは現在の自身の活躍を支えるその根底には雙葉の教育があると口々に言うのである。

この章の前半に登場した小中高の十二年間を雙葉で過ごした卒業生の取材を終えた約三十分後。その彼女からこんなメールがわたしの携帯電話に届いた。

〈本日はありがとうございます。お茶も大変美味しかったです。ごちそうさまでした。雙葉時代のことをお話しする機会はあまりないので、思い出を紐解くごとに懐かしく、思わず楽しくなってしまい、たくさんお話ししてしまいました。

帰り道、少し考えて、雙葉出身のみなさんが輝いて見えるのは、マイペースでスタンダードから外れていたとしても、その分、ご自分の決断や進む道に対して全てご自分で責任を負う覚悟を持っているからではないかなと思いました。それは先ほどお話しした雙葉の教育方針が根底にある上でのひとつの特徴であろうと感じます。〉

このメールの文面に彼女の雙葉生らしさが凝縮されている。そして、この丁寧な姿勢こそまさしく「雙葉ブランド」の証であるとわたしは深く感じ入ったのだ。

終章　女子御三家は変わらない

強烈な個性を放つ女子御三家

桜蔭・JG・雙葉の中学入試は例年二月一日におこなわれる。東京都・神奈川県の私立中学入試の解禁日だ。

しかし、二〇一五年二月一日の朝、JGの校舎前に受験生の姿はひとりとして見られなかった。

そう、この日は日曜日だったのである。

主たるプロテスタント校は安息日（礼拝のための日）に当たる日曜日は学校業務の一切をおこなわない。

そういうわけで、JGは従来の二月一日から翌日の二月二日に入試日を変更した。

もうお気づきの方も多いだろう。中学受験を志す女子の最優秀層は、例年であれば不可能な受験パターンを今春に限り構築することができたのだ。つまり、「一日・桜蔭、二日・JG」「一日・雙葉、二日・JG」という女子御三家二校を組み合わせた受験が可能になる。ちなみに、この次に二月一日が日曜日となるのは二〇二六年である。

教育業界では、この例外的な受験日程を総称して「サンデーショック」「サンデーチャンス」、あるいは「ミッションショック」「ミッションチャンス」と呼ぶ。

なぜ、「チャンス」「ショック」などと対になる表現を用いるのだろうか。前者はどちらかといえば進学塾側の論理である。とりわけ御三家○○名合格などと「難関校の合格実績」を売りにしている塾は、一名で御三家二校合格を狙える「美味しい機会」なのである。一方、後者の表現は前者と密接に関係する。つまり、「チャンス」だと思い、塾に勧められるがまま強気の受験パターンを組んでみたら、相当「ショック」な入試結果が待ち受けることもある。また、この変則的な年の中学入試は、入試日を変更するミッション校があまりにも多いため、従来のデータが当てにならず、主要な難関中学校の難易度が読み切れず、惨敗を喫して「ショック」を受ける受験生が続出することがある。

わたしは、この変則的な年を「ショック」とも「チャンス」とも表現したくないので、自身の造語である「ミッションシフト」という用語を密かに使っている。

そして、ここでもう一つ気をつけなければならない点がある。

それは、どんな年であろうと、ひとりの生徒の通える学校はたった一校しかないという事実である。

各章にその詳細を記したが、「桜蔭」「JG」「雙葉」の教育内容、在校生の雰囲気はまさに三者三様である。さらに、創業者の思いが色濃く脈々と継承されている女子御三家の各校は唯一無二の佇まいをみせる。その証拠に、桜蔭・ＪＧ・雙葉各校の学校長や教員は自校のことを「女子御三家の一校」とは全く考えないし、そもそも「女子御三家」ということばすら用いない。これは自校の教育の独自性に誇りを持っているからであろう。そうであればこそ、「ＪＧに行きたかったのに雙葉」、「桜蔭に通いたかったのにＪＧ」となってしまった生徒の中には、その学校色に対し拒絶反応を示すケースがある。実際に取材者の中にもそのような人がいた。彼女曰く、「もっと冷静に受験校の選定をすればよかった」と悔恨の念にかられていたのだ。

女子御三家各校は万人を優しく受け容れる「無難」な学校ではない。桜蔭・ＪＧ・雙葉が放つ個性は強烈である。その強烈さゆえ、その学校の教育に「はまった」生徒は、紆余曲折を経ながらも魅力的な人格の持ち主へと成長していくのである。だからこそ、受験校を決める際には、「女子御三家」などと一括りに考えてはならない。わが子の性格がどの学校にマッチするか、あるいは、将来的にわが子が纏ってほしい姿勢はどういうものか、などを熟慮した上で、受験校、進学先を選定すべきだろう。

女子御三家の力とは

さて、桜蔭・JG・雙葉、多くの卒業生や学校関係者の声を各章で紹介したが、各校の独自性が十分理解できたのではないだろうか。

日本屈指の進学校である桜蔭は「勉強」＋αに日々励む生徒が多い。小学校時代は学力では周囲に決して負けることはなかった子たちは、桜蔭に入った途端に「学ぶ力が突出している」多種多様な個性と出会うことで、自らをさらに飛翔させる刺激へと変えていく。

卒業生のひとりは桜蔭で得た力をこう表現した。

「認める力」

学校側も生徒たちが全身で学べる器を丁寧につくりあげていく。学習の場と位置付けて過密なスケジュールをこなす修学旅行、各自にテーマを決めさせて論文形式で提出させる自由研究、心を静めて他者に寄り添う訓練をおこなう礼法の授業、黒板をフル活用しておこなわれる生徒たちの叡智を引き出す授業、水に顔がつけられない生徒でも数年後には自在に体を動かせるようになるプール……。

次にJG。

生徒に自主自律を求めるJGは、教員たちが温かな視線で、ときには忍耐強く生徒たちの成長を見守る。「生徒たちを信頼します」――初代校長のことばを胸に秘めながら。

生徒たちはその教員たちの期待に応えるかのように「悩みに悩む」「考えに考える」――そのプロセスを経て、自我をゆっくりと確立していく。

卒業生二名はJGで獲得した力を次のように言い表した。

「図太い力」

「楽しむ力」

生徒主導でおこなわれる文化祭。その陰には文実の支えがある。学年対抗で生徒たちが団結する体育祭は悔し涙、嬉し涙を流す生徒が続出する。冷たいニュアンスは一切感じない「他人は他人、自分は自分」の精神を持ち、互いの個性を尊重する生徒たちの付き合いは、卒業後もずっと続いていく。そして、自らの心の内を「問い続ける」姿勢を引き出していく授業……。

そして、雙葉。

雙葉生が「お嬢様」に感じられるのは経済的背景だけではない。彼女たちが他者を慮る心を備えていて、「育ちがよい」と周囲から一目置かれるためだ。

ときに波乱を巻き起こす内部と外部の出会い。その複雑な人間関係を乗り越えて得た力は一生の財産になる。

雙葉で手に入れた力は何かと問うと、

「世を渡る力」

「臨機応変な順応力」

「考える力」

そんなことばが卒業生たちから返ってくる。

人生の転機になるような思いがけないことばを授けてくれる先生。「品」とは何かを考えに考えさせられる小学校の厳格な指導。先輩・後輩が互いに尊敬の念を持ちつつ運営される「部」の活動。周囲と自分を引き比べることの愚かしさを学べ、自分を見つめることのできる時間。校訓が胸に縫い付けられているセーラー服……。

桜蔭・JG・雙葉それぞれが与える力とそのための教育には創立者の思いが息づいている。言い換えれば、いまも昔も各校の魅力は不変なのである。

ただし、その魅力が損なわれたり、生徒たちがそれを享受できなかったりする場合、その原因は親にあることが多い。三校の学校関係者は図らずも「親の阻害」について言及していた。

女子御三家の力——このかけがえのない、一生の財産に成り得るパワーを子が手に入れるためには、親の泰然自若とした姿勢、つまり、学校と自身の子を信頼する心の持ち方が求められるのである。

始祖の思いは脈々と受け継がれる

それにしても、「女子御三家」である。

何と言い得て妙な表現だろうかとわたしは思う。

そもそも「御三家」とは「徳川御三家」、すなわち、徳川家康の直系である「尾張徳川家」「紀州徳川家」「水戸徳川家」を指すことばだ。始祖となる徳川義直、徳川頼宣、徳川頼房は全員が徳川家康の息子である。家康が没するときに生存していたのは十一人の息子のうちたったの五人であった。三男の秀忠は二代将軍となり、六男の忠輝は家康の不興を買い改易させられていたため、残った三人が「御三家」として将軍家や御三卿とともに徳川姓を名乗ることを許され、また、三つ葉葵の家紋の使用ができるなど多くの特権を与えられた。

わたしがここで言いたいのは、「御三家」は他者がどんなに欲しようが手に入れることの決してできない由緒あるルーツを有していることだ。そして、周囲の人たちから羨望の眼差しを注がれる対象であり、ときに畏敬の念さえ起こさせる対象となる。

そういう意味で、桜蔭・JG・雙葉は紛れもなく「御三家」である。

始祖、つまり、各校の設立者の思いが脈々と受け継がれていまに至っている。各校とも時代の変化に対して決して揺らぐことのない独自の、かつ不変の教育文化がある。そして、その教育環境の中で育った生徒たちはそれぞれ「桜蔭的」「JG的」「雙葉的」な「何か」を身につける。多くの学校関係者、卒業生に取材する中で、この「何か」をわたしは十分に感じ取ることができた。その「何か」の正体は、ここまで通読した読者は理解できたであろう。

そもそも学校の文化とは何だろうか。私はよくこんな喩えを用いる。

学校とはリレーの「バトン」のようなものである、と。

何層にも渡る数多の卒業生たちが緩やかに育んできたその学校の気風や部活動、行事などの「バトン」を在校生たちが引き継ぎ、そのバトンを手に中高生活を駆け抜けていく。そして、そのバトンを次世代の（これから入学する）子どもたちに手渡していくのだ。

その営みが何年、何十年、（学校によっては）何百年も繰り返されて現在の学校の文化が存在している——私はそう考える。

こう考えると、女子御三家各校のバトンは実に味のある色調になっているのだろう。

変わらぬことの強さ

わたしは学校教育の現場において「改革」「変革」を軽々しく使ってはならないと思う。「改革」「変革」を軽佻浮薄に謳う学校は前述した学校文化の本質を全く理解していない。「改革」「変革」は、その学校に受け継がれてきた文化そのものを否定することに繋がるのだ。「赤い色のバトン」を直ちに「青いバトン」に切り替えるなど無理がある。

無論、私は学校側が何も変わらなくてもよいなどと申し上げるつもりは毛頭ない。より良い学校を目指すためには、変えるべき箇所が幾多もあるはずだ。

でも、それは「改革」「変革」ではなく「修繕」である。「学校」という長い営みの中で育まれた文化はちょっとやそっとでは動かない「重み」を有している。

だからこそ、学校側が取り組むべきは、その重い物体の不良箇所をひとつずつ手間ひまかけて丁寧に修繕することなのだ。

いま首都圏の私立中高一貫校の多くは志願者集めに悪戦苦闘している。

経済情勢が不安定であることと、少子化の進行がその主たる理由である。

わたしが経営する塾にも多くの私立中高の教員が「広報活動」で訪れる。話を聞いていると、「わが校では系列大学への進学者を減らし、これから早慶〇〇名以上合格を目指します」「校舎を新築してこういう設備を整えました」「校舎の移転を計画しています」「ITを活用したアクティブラーニングを強化します」「ネイティブの指導で英語によるプレゼン能力を上げていき、グローバルリーダーを育成します」……など、学校をどう「変革」するかという話ばかり。

換言すれば、これから受験する子どもやその保護者に対して学校をどうみせるかというアピールにばかり目が向いていて、「いまいる子どもたち」「卒業生」にどうみられるかという点に配慮した学校づくりをおこなっているところは極めて少ない。

わたしは少子化の波が襲いかかる中で、それでもしぶとく生き残る学校の条件のひとつとして「卒業生に応援される学校である」ことを筆頭に挙げたい。

創立以来受け継がれてきた学校独自の教育文化をかけがえのない宝物として持ち続け、よりよい学校を希求していく――そういう思いを胸に、子どもに向き合っている学校こそ、魅力ある佇まいをみせるのではないか。

「昔から変わらぬわたしの母校で、わが子、わが孫にも中高生活を送ってほしい」――そんな卒業生たちの願い、後押しは、必ずやその学校の「半永続性」を担保する原動力になるのではないかと思う。

この書籍執筆のために桜蔭・JG・雙葉の多くの卒業生に直接取材をおこなった。彼女たちのほとんどは、身振り手振りを交え、出身校のあれこれを嬉々として語ってくれた。その際、彼女たちは異口同音に、「わたしたちが過ごした母校はこれからも変わってほしくない」と言う。そして、学校サイドも「わたしたちはこれからも変わるつもりはありませんよ」と優しく応えてみせるのである。

そういう意味で桜蔭・JG・雙葉の文化は、これからもちょっとやそっとでは決して揺るがないだろう。

あとがき

二十年近く前のこと。わたしは女子御三家の一校を目指す子を指導していた。その彼女は物静かであり、声を聞いたことすらほとんどなかった。母親によると、こうした彼女の態度は塾だけでなく、小学校でも同じだったらしい。

彼女が進学したのはJG。活発な子が多く集まる学校だという。わたしは不安だった。

数年後、わたしのもとへ一本の電話がかかってきた。

「矢野先生、ご無沙汰しています。お元気ですか？」

別人かと思った。ハキハキと話す電話の主は、そう、彼女だったのだ。

女子御三家、いや中高の女子教育はこんなにも人を変えるのか――そう感嘆したわたしは、以来中学受験指導というフィールドの面白さに取りつかれている。

本書を通読した皆様は、女子御三家のどの学校に一番魅力を感じただろうか。

もし、お嬢様がいるならば、どの学校に通ってほしいと願うだろうか。

なお執筆に際しては、次の書籍を参考にした。謝意を込めて、ここに記したい。

桜蔭中学校・桜蔭高等学校『桜蔭学園創立90周年』（学校法人桜蔭学園）
女子学院資料室委員会編『目で見る女子学院の歴史〔改訂版〕』（学校法人女子学院）
小河織衣『女子教育事始』（丸善ブックス）
櫛田眞澄『男女平等教育阻害の要因 明治期女学校教育の考察』（明石書店）
宮島英紀・小峰敦子『名門高校ライバル物語』（講談社）
おおたとしまさ『名門校とは何か？——人生を変える学舎の条件』（朝日新書）
四谷大塚入試情報センター編『２０１６　中学入試案内』（ナガセ）
『平成28年度　首都圏版中学受験案内』（声の教育社）

また、本書を刊行するまでには多くの人たちのご協力があった。
まずは、取材をおこなった女子御三家各校の三十名近い卒業生。そして、桜蔭中学校・高等学校の佐々木和枝校長、齊藤由紀子教頭、小林裕子教務主任、女子学院中学校・高等学校の風間晴子院長、本多秀子教諭、田中弘志前院長、雙葉中学校・高等学校の和田紀代子校長。

執筆の際のアドバイスや卒業生たちとの橋渡しに尽力をしてくれたのは、石井陽一氏、及川慎也氏、本田直人氏。

最後に、企画段階から刊行まで励ましの声と的確なアドバイスをくれた文春新書編集部統括次長の西本幸恒氏。

ここに心より感謝のことばを申し上げたい。

二〇一五年九月三十日

矢野耕平

【追記】本書に盛り込めなかった各校の入試問題分析などを、ウェブサイトに掲載いたします。詳しくは「本の話WEB」をご覧ください。

桜蔭

●2016年度・中学入試募集要項（一部）

募集定員　女子240名

選抜方法　算数・国語・理科・社会、面接（保護者同伴）、通知表コピーまたは報告書

入試日　2月1日　　合格発表　2月2日14:00〜

●2015年度・学費（参考）

	初年度納入金			中学3年間費用合計
	入学手続時	入学後1年	年度合計	
入学金	380,000	0	380,000	約250万円
授業料	0	447,600	447,600	
その他	0	218,000	218,000	
合計	380,000	665,600	1,045,600	

※上記以外に諸経費有。

●所在地及び学園組織

所在地　〒113-0033　東京都文京区本郷1-5-25

学園組織

中学校 → 高校

1学年約240名　　1学年約240名

●沿革

1924年（大正13年）、東京女子高等師範学校（現、お茶の水女子大学）同窓会社団法人桜蔭会により設立。1947年（昭和22年）、学制改革により桜蔭中学校を、翌年に桜蔭高等学校を設置。

●校訓

「勤勉・温雅・聡明であれ」「責任を重んじ　礼儀を厚くし　良き社会人であれ」

●授業時間

登校時間8:20　下校時間17:00　　授業1コマ50分・週34時間

●授業カリキュラムの特徴

中学校3年間は礼法の授業が導入されている。高2以降は週8時間〜19時間の選択科目の設定があり、大学受験に対応する。また、高2より英語や数学の一部授業は習熟度別・進度別のクラス分けをおこなう。

●主な出身著名人

水森亜土（イラストレーター）、土井香苗（弁護士）、繁田美貴（アナウンサー）、菊川怜（タレント）

女子学院

●2016年度・中学入試募集要項（一部）

募集定員　女子240名

選抜方法　算数・国語・理科・社会、グループ面接(本人のみ)、報告書

入試日　2月1日　　合格発表　2月2日11:00〜予定

※親元から通学するとともに、通学時間1時間30分以内が受験資格となっている。

●2015年度・学費（参考）

	初年度納入金			中学3年間費用合計
	入学手続時	入学後1年	年度合計	
入学金	380,000	0	380,000	約250万円
授業料	0	492,000	492,000	
その他	0	208,680	208,680	
合計	380,000	700,680	1,080,680	

※上記以外に諸経費・積立金有。

●所在地及び学園組織

所在地　〒102-0082　東京都千代田区一番町22-10

学園組織

中学校 → 高校

1学年約240名　　1学年約240名

※募集定員で算出しているが、実際は1学年220名〜235名程度であることが多い。

●沿革

1870年（明治3年）、ジュリア・カロゾルス女史により築地居留地に設立されたA六番女学校を起源としている。その後、1890年（明治23年）に女子学院と改称した。

●校訓

なし　※ただし、年度初めにその年の「標語聖句」を選んで掲げている。

●授業時間

登校時間8:10　下校時間17:30（冬17:00）　授業1コマ50分・週32.2時間

●授業カリキュラムの特徴

2期制の設定と聖書科の授業が特徴的。高2まではほぼ共通履修であり、高3より文系・理系に分かれ、希望進路に応じた授業が行われる。英語は高1から、数学は高2から習熟度別のクラス分けを行う。

●主な出身著名人

合原明子、島津有理子・膳場貴子・馬場典子・徳島えりか・和久田麻由子（アナウンサー）、幸田文・吉行理恵（作家）、辛酸なめ子（漫画家・コラムニスト）、今井通子（医師・登山家）

雙葉

●2016年度・中学入試募集要項（一部）

募集定員　女子100名
選抜方法　算数・国語・理科・社会、面接（本人のみ）、通知表コピーまたは報告書
入試日　2月1日
合格発表　2月2日9:00～
※親元から通学するとともに、通学時間1時間30分以内が受験資格となっている。

●2015年度・学費（参考）

	初年度納入金			中学3年間費用合計
	入学手続時	入学後1年	年度合計	
入学金	240,000	0	240,000	約265万円
授業料	0	529,200	529,200	
その他	0	295,600	295,600	
合計	240,000	824,800	1,064,800	

※上記以外に諸経費有。

●所在地及び学園組織

所在地　〒102-8470　東京都千代田区六番町14-1
学園組織

幼稚園 → 小学校 → 中学校 → 高校

幼稚園：1学年約40名（女子）+α（男子）
小学校：1学年約80名
中学校：1学年約180名
高校：1学年約180名

●沿革

1875年（明治8年）、東京築地に語学校を開設したのが起源。1909年（明治42年）、雙葉高等女学校を開校。

●校訓

「徳においては純真に　義務においては堅実に」

●授業時間

登校時間8:10　下校時間16:00　　授業1コマ50分・週36時間

●授業カリキュラムの特徴

ネイティブによる英語授業は少人数制でおこなわれる。中3では全員が仏語を週1.5時間学び、高校では第一外国語として英語・仏語の選択履修となる。高2より必修選択科目を導入、高3では多様な自由選択科目が設けられていて、大学入試に対応している。

●主な出身著名人

高橋真麻（アナウンサー）、かたせ梨乃（女優）、川上弘美（作家）、いとうあさこ（お笑い芸人）

矢野耕平（やの　こうへい）

1973年東京生まれ。大手塾に十数年勤めたのちに、中学受験専門塾「スタジオキャンパス」を設立し、代表に就任。東京・自由が丘と三田に校舎を展開している。学童保育施設「ABI-STA」特別顧問も務める。大手塾時代は女子学院（JG）受験に特化したクラスの責任者を務め、7年間で約230名のJG合格者を輩出。とくに2006年度のJG入試では80名受験中55名合格という圧倒的な実績を記録した。著書に『カリスマ講師がホンネで語る　中学受験で子どもを伸ばす親ダメにする親』（ダイヤモンド社）、『iPadで教育が変わる』（マイコミ新書）、『13歳からのことば事典』（メイツ出版）がある。

文春新書

1051

女子御三家《じょしごさんけ》　桜蔭《おういん》・女子学院《じょしがくいん》・雙葉《ふたば》の秘密《ひみつ》

2015年（平成27年）10月20日　第1刷発行

著　者　矢　野　耕　平
発行者　飯　窪　成　幸
発行所　株式会社　文　藝　春　秋

〒102-8008　東京都千代田区紀尾井町3-23
電話（03）3265-1211（代表）

印刷所　大日本印刷
製本所　大　口　製　本

定価はカバーに表示してあります。
万一、落丁・乱丁の場合は小社製作部宛お送り下さい。
送料小社負担でお取替え致します。

ISBN978-4-16-661051-8

文春新書好評既刊

浅見雅男
学習院
華族間にもある格差、意外と多い中退者、軍学校進学の奨励、女子教育の難しさ。木戸、近衛、東條、志賀、三島はここで何を学んだか
1017

泉　幸男
英語学習の極意
「毎日こつこつ」「読解力より会話力」こんな〝常識〟は全部嘘。10カ国語をものにした東大卒一流商社マンが最高の勉強法を全公開
1022

エマニュエル・トッド　堀茂樹訳
「ドイツ帝国」が世界を破滅させる
日本人への警告
ウクライナ問題の原因はロシアではなく、冷戦終結とEU統合によるドイツ帝国の東方拡大だ。ドイツ帝国がアメリカ帝国と激突する
1024

鵜飼哲夫
芥川賞の謎を解く
全選評完全読破
太宰治の「逆ギレ事件」から、辛口評で鳴らした石原慎太郎の引退までの秘話満載。名物文芸記者による日本一有名な文学賞の八十年
1028

東田大志　東大・京大パズル研究会
〈東大・京大式〉頭がスッキリするパズル
遊びながら頭がよくなる。そんな都合のよい話が……あるんです。『〈東大・京大式〉頭がよくなるパズル』がパワーアップして新登場
931

文藝春秋刊